目次

當代名家叢書・趙園選集

易堂尋蹤

趙園　著

目次

南昌─贛州

1

　　客機飛臨南昌機場時，在傾斜的機翼下，我看到了紅黃相間的田塊。黃的應當是油菜花。直到更接近地面，我才看清了，紅的是泥土。在這一刻，我有隱約的激動，因為我知道，我正在接近我的故事發生的地方。此後的一周裏，我一再看到紅土地，看到赭色的山壁。我的江右印象，就由這紅與濃綠塗染而成。

　　動身來這裏之前，我對於明清之際一個被稱做「易堂」的群體發生了興趣，讀了其中人物的文集。這些今天已乏人問津的文集向我講述的，首先是一個個關於友情的故事，與此線索平行或交叉的，另有關於兄弟、夫婦、師弟等等的故事。我當然明白，無論朋友的還是兄弟的故事，都已然古老，卻仍然認為，我的這些發生在動盪時世的故事，當由一些鮮明生動的個性演繹時，與平世的同類故事勢必有所不同。我將由南昌再度啟程，向距這裏數百公里的贛南山中尋訪那些生活在三百多年前的人物，在這省城不過稍事停留。

　　行前我就由文獻中得知，南昌地處「百粵上游」，為「三楚重輔」，在本書所寫的那時代，被由軍事的角度，視為「咽喉之地」（顧祖禹《讀史方輿紀要》卷 84 第 560 頁）。元末群雄逐鹿，鄱陽湖曾有過激戰。二百餘年後，明清易代之際，南昌幾乎成了煉獄。其時客居江淮的王猷定（於一），聽家鄉來人說，南昌的東湖「蓬蒿十里，白晝多鬼哭」（《東湖二仲詩序》，《四照堂集》卷 2）。施閏章也曾慨歎

道：「流血一何多，江水為之深。」（《同門李東園按察豫章亂後感寄》，《施愚山集》詩集卷 12）

抵達南昌的次日，我就走了東、西湖。兩湖自然經了整修，西湖有鳥市，東湖則到處可見神態悠然的退休者。我突然想到，這些公園中休閒的老人，其先輩是否就是那次劫難的孑遺？

我正待尋訪的人物中，有南昌人彭士望（躬菴），是其時江右的文人，對明末南昌的繁盛及劫後的殘破有過記述。據彭氏說，戰亂前的南昌，「東西湖最盛，諸府第高明之家、試士院皆臨湖。湖東潴為孺子亭學舍，容生徒百十人，與三洲蔬圃相望」，湖中則有「輕舠畫舫」，觴詠雜歌，「絲竹管弦，出沒於煙波雪月之際。橋流宛轉，花嶼縈回，水禽時鳥，翔鳴上下，臺榭閣道卉木，士女姣好，望之若畫圖，今俱化為瓦礫，灌莽蔽之……」（《贈董舜民遊江粵敘》，《樹廬文鈔》卷 6）。彭氏對此，自不勝今昔之感。今天的東湖公園中，孺子亭、碑尚在。徐穉，字孺子，南昌人，東漢高士。《世說新語・德行》：「陳仲舉言為士則，行為世范，登車攬轡，有澄清天下之志。為豫章太守，至，便問徐孺子所在，欲先看之。」

寫上引文字時的彭士望，僑寓贛南已三十年，既目睹過當年的繁華，彭氏與一同隱居的夥伴，夢境總應當有所不同的吧。即如這昔日繁華的碎片，那些光與影，必定會久遠地殘留在他此後的生涯中。

離開南昌前，到了城郊的八大山人紀念館。奇怪的是，由文集看，我所欲尋訪的贛南的易堂諸子，似乎不曾與同為遺民且在南昌的朱耷互通消息，只有他們的門人梁份的文集中，有致朱氏的書劄。

我承認我對這城市缺乏更廣泛的興趣，預定目標及「尋訪者」的自我意識，縮小了我的關注範圍。我竟然沒有足夠的好奇心去觀看這城市。對於發生在三百多年前的一段故事的專注，使我對於眼前經過的紛繁人生視若無睹。即使這樣我也知道，在這些像是並無特色的街

巷中，在看似與其它城市一般無二的日常生活裏，一定有我所尋訪的
那段歷史隱現其間，只是我不具備足夠的敏感去辨識罷了。

2

　　由南昌乘火車抵達贛州時，我看到了一座整潔的小城。贛州是
章、貢兩江的交會之地，我故事中的人物之一曾燦，一再稱此地為
「雙江」。他的朋友陳恭尹說：「贛之為州，合章、貢二水而得名。」
（《命兒贛字端木說》，《獨漉堂全集・文集》卷 15）當年或許曾經舳
艫十里、燈火萬家的？

　　贛州車站位於高地，四望空闊，並無我想像中的險要。我所尋訪
的人物稱此城為「虎頭城」，不免令我望文生義，以為類似雄關，卻
只看到了一些陵阜。很難相信發生在這個地方的戰事，在明清之際的
大故事中，竟以情節緊張而扣人心弦。由現代戰爭的角度，你已難以
設想贛州在軍事上的重要性。而據上面提到的顧祖禹說，贛州府「接
甌閩、百粵之區，介谿谷萬山之阻，為嶺海之關鍵，江湖之要樞。江
右有事，此其必爭之所也」（《讀史方輿紀要》卷 88 第 581 頁）。

　　由北京動身前得知的，是贛州連綿不斷的雨，這裏卻一派響晴。
在這小城寧靜的午後，我所要尋訪的，卻是一個慘烈的故事：三百多
年前，經歷了抵抗清軍的激戰，圍城陷落，一個叫楊廷麟的人物——
他當時的身分，是南明隆武朝的兵部尚書兼東閣大學士——在這城中
一處水塘自沉了。

　　此外我還知道，他埋骨在章江邊一處叫「楊秀亭」的地方，我的
故事中的主要人物魏禧，曾在那片墓地留連，悲愴不已。我相信僅僅
想到了這些事，就已足以使我對這城的感覺，與別人有了一點不同。
那遙遠年代的故事正如水似的，悄然浸潤著我，而在尋訪並試著講述

它的同時，我被自己參與營造的氛圍籠蓋了。

關於順治三年（丙戌）贛州的戰事，正史與私家都有記述：楊廷麟與萬元吉守贛州，圍城半年，城破，楊氏赴清水塘死。這天是十月四日。乾隆四十七年刊本《贛州府志》卷 2《地理志·風土》：「贛州府風近閩、粵，而人抗志勵節，有勇好鬥，輕生敢死。」明清之際的這一仗，為上述「輕生敢死」作了注腳。據陸世儀的《江右紀變》，三日清軍攻入贛州後，「鄉勇猶巷戰久之。四日黎明，北人大至，城上發炮皆裂，遂陷」（黃宗羲《行朝錄》，《黃宗羲全集》第 2 冊第173 頁）。當時有一個來自寧都的青年，本來可以逃生的，卻選擇了與楊廷麟同死（《別駕楊公傳》，《丘邦士先生文集》卷 15）。

弘光朝覆滅之後，贛州之役原是絕望的抵抗，黃宗羲卻還要說，「贛州之守與死者，皆三百年以來國家之元氣也。」有一點大約是確實的，即贛州陷落，南明朝在江右的堅守從此潰決。方以智說，白楊廷麟等人死，「吉安山中之幟，先後俱盡」（《劉大司馬傳略》，《浮山文集前編》，轉引自《方以智年譜》第 171 頁）。其時的血，淋淋漓漓地滲入了泥土。而在這血戰之餘的土地上生長起來的，那段歷史像是已溶入了空際，與他們杳不相關。想不到的是，那清水塘居然還在，被裹在雜亂無章的民居中，塘邊是浮萍與垃圾，想必是孑孓的滋生地。

在此期間，來自寧都的曾燦曾試圖召集散亡，助楊廷麟一戰。那年燦二十歲。彭士望也曾為楊廷麟募兵九江，還曾在贛州陷落後贖救楊氏遺孤——在當時做這件事，不消說是需要一點勇氣的。而魏禧則自居楊氏門人，病故的前一年赴泰和就醫途經贛州時，曾在楊廷麟墓前「拜伏，不勝嗚咽」。那墓地當時已「荒冢蔓草，蕪穢不治」（《崇禎皇帝御書記》，《魏叔子文集》卷 17），斜陽中但見兩岸蓼花，一江秋水（同書卷 7《拜楊文正公墓》）。

黃宗羲也在同一年，到南屏尋找過張煌言的墓地。尋找，是一個

意在記憶的動作。大約因了對遺忘的恐懼,叔子不厭重複地,一再提到楊氏墓地所在方位。據帶我們到此地的贛州的張先生說,這一帶後來叫「楊公地」,自然因楊廷麟而得名,可知他在清代,還被贛州人紀念著。居住在這裏的人知道這地名,指點著大致方向。這兒是一帶高岸,俯臨章江。江面寬闊,有小火輪遠遠地駛過。張先生說,他兒時在這周圍嬉戲時,楊廷麟的墓碑尚在。贛州正在實施「一江兩岸」工程,墓地所在,是平坦的濱江大道,道邊花團錦簇,全沒有了魏叔子、曾燦所形容的「蕭瑟」。隆隆的車聲會不會使得楊公廷麟魂魄不安?

半年的圍城之後,戰事自然異常慘烈。一些年後,曾燦仍像是能聽到戰馬的悲鳴:「記得當年萬馬嘶,虎頭城外戰聲悲。」(《秋旅遣懷兼柬易堂諸子》,《六松堂詩文集》卷 6)那年月,激戰之後,往往有一「屠」──戰勝者快意的殺戮。曾燦說贛州因了所處地理位置,出入多商賈,城陷之日,無分土著、商賈「皆屠之」,「其骨肉交道路,幾與城齊,犬狺狺然走齧人骨」(《贈邑人楊君序》,同書卷 12)。魏禧也說,丙戌贛州一役,「士民數百萬,一朝如斷虀」(《金壇王習之持(易極擬言)過訪⋯⋯》,《魏叔子詩集》卷 4)。

至於上文提到的「虎頭城」,則因贛州曾有虔州之稱,虔字「虍頭」。據說宋代董德元曾上言,說虔州號「虎頭城」,非佳名。廷臣議,也以為州名有「虔劉」之義,因而改名贛州(《讀史方輿紀要》第 581 頁)。宋人未曾料及的是,縱然改了名,仍不能免此「虔劉」(即劫掠、殺害)。由後世看來,「虔」竟成了發生於明亡之際的殺戮的凶讖!

亂世諸事的荒謬、詭異,有不可以常情常理來論的;發生於明清之際的風雲變幻、局勢反覆,像是尤有戲劇性。圍攻贛州逼使楊廷麟赴水而死的金聲桓,竟於一年多之後「反正」(即降清後又歸順南

明），其後是南昌的被圍與陷落。城陷時金聲桓竟也赴水而死，儼若輪迴，以至黃宗羲不屑地說，既有今日，何必當初降清且「誅鋤忠義」呢！南昌的圍與屠，其殘酷更有甚於贛州者。據黃宗羲《行朝錄》，圍城中曾殺人為食，「呼人為『雞』。有孤行者，輒攫去烹食」。由金聲桓「反正」，到南昌被屠，不過一年間，「合郡之民，死者數百餘萬」（《黃宗羲全集》第 2 冊第 206 頁）。

關於那段歷史的記述中，隨處可見「屠」的字樣，事實卻未必全如通常所想像。即使在腥風血雨中，小民的日常生活也會在頑強地繼續，而由廢墟上重建的速度，或也超出了人們的想像，而且總有人能由「死地」逃生。

這場慘劇發生之前，彭士望和他的朋友林時益就已避亂到了贛南的寧都，南昌被圍之時，他們已與寧都的魏氏兄弟住在了翠微峰，躲過了這一劫，因而被許為「先幾」。這是後話。

在這小城中，甚至當年的廢墟也片瓦無存，令你無從憑弔。血污，創傷，疤痕，醜陋、傷心慘目的一切，曾經刻畫在磚石瓦礫上的，早已被歲月的潮水洗刷淨盡。但贛州並不曾真的遺忘，它不過將「既往」包藏在了「當今」之中而已。清水塘不是還在？我們看到了城北的古城牆、貢江上的浮橋，看到了散發著古舊氣味的沿街的騎樓。較之此後行經的贛南小城，贛州有更多舊物的存留。只是不知這浮橋、騎樓還能保存幾時，以及用何種方式保存。「現代化」像是一個迫不及待地刪除實物歷史的過程，上述舊物的被刪除——整舊如新也是一種刪除——或許只是時間問題。

「鬱孤臺下清江水，中間多少行人淚。」魏禧、曾燦生活的那個時期，鬱孤臺是他們抒發幽憤的所在。我所見的鬱孤臺，自然已經翻修，不過是原址而已。另有八境臺，在章、貢兩江交會處，曾燦面對此景，寫出的仍然是：「少年戎馬春風裏，猶記圍城不肯降。」（《己

西春日張天樞招同諸子登八境臺得江字》，《六松堂詩文集》卷6）

　　贛州人或匆忙或悠然地，打我的身邊經過，街口的「摩的」在等生意。空氣已開始燠熱。我並不以為周圍的人們應當如我此刻一樣，翻弄三百多年前的一頁歷史，想到圍城、血戰、奮不顧身地搏殺、戰敗後的從容赴死、屠城中的玉石俱焚。事實上我自己也是為寫作這一行為所誘導，試圖進入預先所設之境。贛州人眼下為了生計的忙迫，較之那一頁並非不重要，他們沒有理由與我一起分擔這份記憶的沉重。我甚至知道，即使在楊廷麟赴水的當時，也並非贛州人都分擔了他的悲憤沉痛。這也才是真的歷史。

寧都

3

　　動身之前想像中的贛南是潮濕的，到處氤氳著水氣，樹木無不「霜皮溜雨」，郊野則一色的青碧。已是農曆四月，我知道桃花已然開過，梨花也開過了，開殘了的，還有油菜花，曾將南國的春天塗染得一片金黃。我知道雨雪霏霏的早春剛剛過去，那一片粉綠，茸茸的綠，想必冷清而寂寞。當我走近寧都時，春色已老，熱浪正待由遙遠的某處襲來。

　　寧都並非如我行前所想像，籠罩在翠微峰巨大的山影之下。「易堂九子」隱居的翠微峰，是一座不高的山——我第二天就看到了。

　　乾隆六年刊本《寧都縣志》黃克纘《舊志前序》曰：「贛東之邑，寧為大，幅員之廣，財賦之繁，衣冠文物之盛，甲於諸邑。」易堂諸子卻像是樂於強調寧都的「僻」。魏禧曾自說「僻處南服之下邑」（《與富平李天生書》，《魏叔子文集》卷 5），儘管是應酬中的客氣話，也未必不包含了身分意識。其弟魏禮也說：「寧都僻處江西之末，距省會千三百有餘里，地介閩、廣，而貨產不饒。」（《寧都先賢傳》，《魏季子文集》卷 15）古人講究地望，叔子在這一點上，的確無可誇耀，寧可用一種自我貶抑的態度，比如說自己乃「江右鄙夫，縣最僻」（《與李翰林書》，《魏叔子文集》卷 5），自稱「贛州寧都之賤士」（同書卷 6《上郭天門老師書》）。魏禮在書劄中向別人介紹自己，劈頭一句就是：「禮，贛南之鄙人也。」（《魏季子文集》卷 8

《與梁公狄書》）李騰蛟更著意渲染，說「豫章（江西）居江湖之僻，虔（贛州）僻於豫章，梅川（寧都）又僻於虔」。看來沒有比寧都更足稱「僻壤」的了（《李雲田遊豫章詩序》，《半廬文稿》卷 1）。我懷疑當他們說這些話時，未必真的有那麼自卑。三百年後寧都之「僻」像是如故，只有公路可通。

寧都舊城已無遺存，無從想像三百年前的街巷、市廛。但易堂九子在這裏，卻像是一些家喻戶曉的人物。在此後的幾天裏，我們不斷地看到「易堂」的字樣，聽到人們提起這名目。當地人——由文化人到山間板屋中的老衲——用了方言的對話中，我所能分辨的，只是這個被反覆提到的「易堂」。

說「家喻戶曉」仍不免誇張。我相信只是在目標明確的「尋訪」中，我才不斷地發現與「易堂」有關的痕跡，發現地方當局與當地文化人記憶這些人物的有意識的努力——幾乎所有與「九子」有關的遺跡，均被作為文物受到了保護。談論「易堂」的寧都人，毋寧說在尋找述說地方史的方式——通常所認為的「歷史」，總要由人物標記的。但無論如何，事實的確是，一進寧都，我們就感覺到了「易堂」的存在；在此後的幾天裏，隨時感覺著它的存在，以至那班人的呼吸像是還留在周遭的空氣中。

所謂「易堂九子」，即魏氏兄弟魏際瑞（善伯）、魏禧（凝叔）、魏禮（和公），「三魏」的姐丈邱維屏（邦士），與他們同里的曾燦（青藜）、李騰蛟（咸齋）、彭任（中叔），以及來自南昌的彭士望、林時益（確齋）。魏氏兄弟當明清之際，是名重一時的人物，時人依了順序分別稱伯子、叔子、季子，其中叔子魏禧最為知名。

「九子」外，易堂還應包括他們的若干子弟門人，如魏氏子弟魏世傑（興士）、魏世傚（昭士）、魏世儼（敬士），以及易堂門人梁份（質人）、吳正名（子政）、任安世（道爰）、任瑞（幼剛）等。

　　易堂是明清之際以避亂為機緣，有著明顯的地緣、親緣色彩的士人結社。地緣、親緣，自然與戰亂造成的地域分隔有關。彭士望與林時益，邱維屏與魏氏兄弟，本來就是親戚，林氏的幼子後來又做了彭氏的女婿。此外，如彭士望之子娶魏季子之女，林時益之女適邱維屏之子，彭任之女適李騰蛟之子，魏伯子之女適彭任之子，魏季子之子娶曾燦之女……魏季子在詩中說：「我有邱氏甥，嫁為曾子妻。」（《讀宋末有黃孝節婦傳》，《魏季子文集》卷 2）亦親亦友，關係錯綜交織。甚至「九子」的後人間、後人及閭人間，也互為婚姻，如叔子的嗣子（係季子之幼子）就娶了叔子門人賴韋之女。

　　戰亂固然鼓勵了流徙，使「友道」具有了嚴重意味，卻同時因了地域分割，宗法關係也得以強調。即如易堂，就以準宗族形式強化了群體認同。那種狹小空間中的密集生存，確也有助於親族關係的推演。在當時，親密之感，正是他們所需要的。彭士望《翠微峰易堂記》說，當戊、己間易堂最盛時，「節序歲臘，會堂上飲食。春秋祀祖禰，相讚助合俊。平居書名，稱友兄弟，如家人禮，子弟亦如之。常易教，不率，與笞，無恒父師」（《彭躬巷文鈔》卷 5）。以此形容諸子的親密程度——親密到如族人、如家人。叔子也說：「吾友之母如吾母，吾弟之友如吾友。」（《寄壽嶺南何母七十》，《魏叔子詩集》卷 5）

　　儘管如此，易堂仍然不是宗法性質的群體。魏禧、彭士望所樂於強調的，也是諸子志趣之合。彭士望就說過：「夫地逼易嫌，望奢多怨，扡不可入而紛不可總者，惟族為然。」（《魏徵君墓表》，《樹廬文鈔》卷 9）

4

易堂故事也如其它故事，有其發端以至尾聲；發生於其間的大小事件，波瀾迭起，為敘述提供了動力。這故事的「發端」，在易堂人物的敘述中，魏叔子與南昌人彭士望的遇合，最足作為標記。我不知道倘若沒有兩個人物的一番邂逅，以下的故事還能否演出；可以肯定的是，其精彩性必定要大打折扣。

時在乙酉，甲申北京陷落的次年，地點則在那時寧都的南關。是一個秋日，魏叔子與彭士望，在臨河的一處宅第前相遇了。作為易堂的核心人物，這兩個人戲劇性的邂逅，在事後的敘述中，猶如小型的創世神話，具有了非同尋常的意義。

三十年後，彭士望還記得，那年六月，他攜家眷由南昌避地南下，隻身三次到寧都，卻為人所騙，正在彷徨，一個少年來到了面前，那少年「頎然清?，角巾藍縠衣」，說自己是魏凝叔，「慕君久，幸過一言」。就此「攜持入小東園，語不可斷」。甚至當自己洗浴時，魏叔子也站在水盆邊說個不停。「比夜漏下三十刻，予曰：『定矣，吾決攜家就子矣。』……」（《魏叔子五十一序》，《樹廬文鈔》卷 7）這年叔子二十二歲。

這段遇合在兩個當事者事後的追述中，有詳略及側重的不同。魏禧說，彭士望前此已經由別人那裏得知了叔子，既與叔子「立談定交」，就決計與林時益攜妻子相就。叔子詳細記述的，是如下場面：那天早上船到的時候，叔子剛起床，聽到消息，即「蓬頭垢面模被走砂磧相見，慷慨談論」，每談到佳處，彭氏就攤開兩手向同來的林時益說：「何如？」（《彭躬巷七十序》，《魏叔子文集》卷 11）兩段記述，在時間上前後銜接，構成了一個相對完整的故事。在敘述同一過程時，他們不但截取的片段不同，且相互寫照，寫自己記憶中的對

方，寫各自印象最深的細節。叔子上述壽序寫在他病逝的前一年，開篇就說：「余乙酉年二十二，交躬巷先生，至今三十五年如一日，雖一父之子，無以過也。」三十五年，實在是一段韌長的情誼。

「三魏」中最年少的季子，則補充了一些被省略的方面。據季子說，彭士望先是住在魏氏鄰人家，天天從門外過，魏氏兄弟目送其人，以為風度不凡。當彭氏又經過時，即上前搭訕，邀其人到家裏「縱談」。彭氏慨然道：「子兄弟真可以托家矣。」於是就急行迎他的家人（其家眷尚在建昌），「數步復返，曰：『將與一好友攜儷俱來，何如？』曰：『甚善。』」那好友即林時益。季子也寫到當彭氏接家眷的船到了河干，正在洗臉的叔子迎了上去，「裸雙袖，水濡濡滴髭髯」（《先叔兄紀略》，《魏季子文集》卷 15）。彭、林從此定居寧都，終老於斯，而關乎他們大半生的決定，不過賴有與素不相識者的一夕之談！

在這個故事中，魏氏兄弟（尤其叔子）無疑是主動的一方。他們像是等在那裏，終於等到了期盼已久的人物。這樣兩個志士的邂逅，無疑出自亂世的一種安排，事後看來，未嘗不值得感激——他們的確對此心存感激。而在易堂，這確實屬於那種決定性的時刻。毋寧說易堂就誕生在彭、魏相遇的一刻，儘管這一時刻其它人物尚未全數出場，或雖已到場卻隱在他人的身影裏（如林時益）。

與這個長他十幾歲、交遊廣闊、有豐富閱歷的南昌人的結識，使叔子切實意識到了自己的隘陋，他在為彭氏所寫壽序中，說到了這一點，自比醯雞井蛙，文字間似乎還保留了當年所感受的震撼。叔子說他們兄弟「知世有偉人、度外事」，自結識彭士望、林時益始（《彭躬蒼文集序》，《魏叔子文集》卷 8）。季子也說彭士望、林時益來寧都，「發我醯雞覆，驍然觀大海」（《戊戌二月林確齋生日詩以贈之》，《魏季子文集》卷 2）。彭士望、林時益把一個更大的世界，帶進了

魏氏兄弟的狹小圈子。亂世中的流離播遷，固然造成了大量的悲劇，卻也提供了別種機緣。季子說，「寧都居贛上遊，地遐僻，四方士罕至者」(《先叔兄紀略》)。來了彭士望、林時益，確係難得，只能說是緣分，不能不倍加珍惜。

魏叔子、彭士望，屬於任一群體都要有的「核心人物」，群體的「靈魂」。在他們遇合之前，自然有其它的結交，甚至比屋而居、情同手足（如魏氏兄弟與曾燦）。但在彭士望、魏氏叔季一再記述的這一幕發生之後，似乎一切都有了變化，為一個群體所需要的「同志之感」，終於發生了。兩個同樣激情四溢的人物由此相遇，此後又不斷地彼此點燃，並試圖引燃周圍的人，在贛南的一處山中，不倦地營造詩意，甚至感動了方以智、施閏章這樣的人物。

無論在叔子還是彭氏，那都屬於一生中僅能一次的遇合。直至康熙十九年（庚申）叔子病逝，彭士望還感慨萬千地說：「叔之人，非常人，吾與叔之交，非常交。」(《及聞人梁份書》，《樹廬文鈔》卷2）由傳世的文集看，九子中熱力四射且互為映照的，確也是彭、魏。情況很可能是，魏叔子、彭士望的內在需求，借諸亂世尋求滿足。「危機時刻」的個人意義不妨人各不同。在魏禧、彭士望，惟那一特定時刻才有可能造成如此深切的「相依存」之感，此感因此即成永恆，成為了永久的懷念。

較之魏氏兄弟，彭士望的政治閱歷，的確豐富到了不可比擬。他曾師從明末大儒黃道周，曾一度在史可法幕中（陸麟書《彭躬菴先生傳》，《樹廬文鈔》)。彭氏本人致書方以智之子方中履自述平生，說自己早年「傾家急難，借軀報仇」，「任俠為狡獪」，明末頗事結交，「為閭十楹，居四方之客」（同書卷1《與方素北書》)。叔子也說彭氏避地寧都後，還曾應楊廷麟召，「護軍西行」(《彭母朱宜人墓誌銘》，《魏叔子文集》卷18)。

　　較之上述事蹟，對於本書所敘述的故事更重要的是，彭士望與魏叔子，都屬於那種鍾情於朋友的性情中人，較之常人更容易達到忘情無我的境界。他們的「久而不回」的堅韌，由此而得以證明。這或許竟是他們的最大成就——兩個人都熱心於用世，世道卻使他們歸於無用；而他們卻終於以其堅韌，成就了一段友情。

　　由彭氏本人的文字看，這是個性烈如火的男子。他曾說自己「褊心躁氣」（《蒔愨別同學諸子》，《樹廬文鈔》卷 10），說自己少年時讀書，「至生死盛衰磊軻不平事，輒抵幾痛哭，愈疾讀，聲淚溢溢」，激憤之餘，恨不能「剖割」了那廝（《與方素北書》）。

　　無獨有偶，季子當讀到有關甲申、乙酉的書，也會「欲引刀自椹其胸，狂呼累日夜」（《書梁公狄﹛甲乙議﹜後》，《魏季子文集》卷 11）。即使有長者風的邱維屏，一旦「爭辯事理」，也會「高聲氣湧，面發赤，頷下筋暴起如箸」（《邱維屏傳》，《魏叔子文集》卷 17）。甚至門人子弟，性情也有相近者。梁份就自說「生而質直，為世所不容；激而成癖，又不能容物」（《哭確齋先生文》，《懷葛堂集》卷 8。按：確齋即林時益）。彭士望也以為易堂諸子的性情過於狂熱暴烈，說「吾堂兄弟亦復漸染此病，未能超脫」（《復門人梁質人手簡》，《樹廬文鈔》卷 4）。一夥烈性漢子，既然將熱血傾倒在一處，也就難免相互引燃、彼此燒灼的吧。

5

　　抵達寧都時天氣燥熱，我們忽略了這熱氣中包藏的危險，當時應當想到，這是一場雨的前兆。得了寧都地方志辦公室李先生、縣採茶劇團鄧先生的引導，午餐後即四處搜尋。河東塘角的邱氏宗祠，據說是 1999 年由族人醵資修復的，出資的包括在臺灣的邱氏後裔。宗祠

門外刻有「邱邦士家廟」字樣的銅牌，證明了邱維屏在其後人心目中的分量。魏伯子有詩曰：「邱子河東宅，長橋到里門。數株松下屋，百畝水中村。」（《雜興》，《魏伯子文集》卷 7）可知其地有松、有水塘。楊龍泉為《丘邦士先生文集》撰序，說邱維屏之廬「卑隘，僅容膝」，邱氏「日歌詠松下，松皆數百年物，磔砢盤鬱，若層雲覆其上」。楊氏曾師從叔子，應得自見聞。

邱氏族孫丘尚士康熙五十八年所撰序，則說河東「有老屋數楹，藏書數千卷，紙窗土壁，煤幬塵榻」。《國朝先正事略》中的邱氏傳，則不但說該地多古松，「望之蒼藹無際」，且說邱氏「著書其下，稱松下先生」（第 1039 頁）——不曾見之於易堂諸子的記述。松大約是有的，「蒼藹無際」則未必；「松下先生」的名目，可能出自後人的杜撰。至於我們所到的村子，已不大見到水塘，更無論古松。邱維屏說其族「背負異峰而環居，前後繞峰。遠近之麓凡百塘，出入沿塘以為途徑，無尋丈之餘，然意每寬然，視薄海內外萬里之區，與鼻息相為呼吸，不自知其隘且迫也」。這胸懷就不平常。邱氏還說那一帶的房子都西北向，開門見山，金精十二峰都在望中（《送鄒九侯自翠微還歸序》，《邱邦士文鈔》卷1）。

應我們的要求，赤著腳的邱姓農民，鄭重地提來了邱氏後裔集資重修的族譜，十幾冊，裝了一木箱。

「易堂九子」中可稱「學人」的，只有邱維屏。叔子對他的這位姐丈很佩服，其《邱維屏傳》說邱氏「為人高簡率穆」，「晚尤精泰西算，《易》數、曆法皆不假師授，冥思力索而得之。桐城方公以智以僧服來易堂，嘗與邦士布算，退而謂人曰：『此神人也。』」叔子還在其它處說到，邱氏學識淵博，卻「土木形骸，人不識以為村老」，難免會有少年人前倨而後恭。而村夫子似的邱維屏，偏偏沒有瑣瑣小儒式的鄙陋與勢利，「直視達官貴人，與田父牧子無異。所居室如斗

大，床灶雞彘雜陳，衣破敝不能易，然人嘗迎致精舍居之，衣以裘綩，直著不辭，視之與陋室敝衣等」（《任王谷文集序》，《魏叔子文集》卷 8）——寒士而沒有「寒乞」相，並不易得，卻又不止憑了「志氣」、「骨氣」；僅賴「志氣」、「骨氣」撐持，有可能褊窄，走了憤世嫉俗的一路。如邱氏者，憑的更是以「敝衣」與「裘綩」等視之的那份自信、泰然。

叔子還記有邱氏被其婦支去鄰家借米，米沒有借，卻「袖手立塘塍上，看往來行人」（《邱維屏傳》）。讀書作文之餘，這個後來被方以智稱賞的學人，或許就這麼寒傖如村老，袖了手立在田塍塘徑上，對著往來的行人冥想的？無論「松下先生」，還是「上下千古，嘯歌自得」（丘尚土序），都不及叔子所記來得親切。

叔子的《邱維屏傳》後附彭士望《書後》，記邱氏臨死前叮囑兒子道：「食有菜飯，著可補衣，無謏戾行，堪句讀師。」彭氏以為「可為世則」——也應當是邱維屏所認為的遺民處亂世之道。

6

「易堂九子」中，只有曾燦是被人以「貴公子」目之的。曾燦父曾應遴，甲戌進士，崇禎朝曾任兵部侍郎，南明隆武朝官兵部右侍郎兼都察院右僉都御史。邱維屏《曾玄蔭碑誌》曰：「吾縣著姓有衚前曾氏，多俊才。」（《文集》卷 13）縣城中的司馬曾公祠已不復舊觀，只有的一角梁、栭，顏色沉黯，是年代不詳的舊物。住在這將被拆除的老房子中的，確係曾姓，或許是曾燦的族人。

叔子自說幼年與曾燦「比戶而居」，長大了又同學，易堂諸子中，與燦的交情既久且篤（《曾止山詩序》，《魏叔子文集》卷 9）。他欣賞曾燦身為貴公子，卻「好慷慨緩急人，未嘗一以聲勢加鄉里，又

能以死任大事」，對於其人的「以風流相尚」，卻微有不滿（同上）。
曾燦自己也說「少長紈綺」（《再上錢牧齋宗伯書》，《六松堂詩文集》
卷 11）──即使經了喪亂，仍不免有紈綺餘習。更讓叔子、彭士望
們看不上的，是曾燦那個形象多變、隨時能聳動人們視聽的胞兄曾畹
（庭聞）。

有明一代，名士往往以生平為創作，不惜出奇致勝。曾畹似乎是
其時著名的浪子。畹以寧都人而與吳越名士遊，「細服緩帶」若三吳
名士；一旦出入西北塞外，歸來時即毛衣革鞲，面色黃黝，鬚眉蒼
涼，「儼然邊塞外人」（《曾庭聞文集序》，《魏叔子文集》卷 8）──
改換形象猶如換裝一樣方便。看來亂世為此種人物準備的舞臺，較平
世更為寬廣，可以任其表演似的。當彭士望寫《與曾庭聞書》時，曾
畹顯然又宣佈了新的形象設計，以至彭氏語含譏諷，說其人「截然如
再出一世」（《樹廬文鈔》卷 3）。

曾氏兄弟出處有不同，曾畹曾中順治甲午陝西鄉試，曾燦則在後
世的遺民錄中。燦從來不曾如其兄那樣風頭十足，每有驚人之舉，相
比之下，作風較為平實，聲光也稍嫌黯淡，在他的易堂朋友看來，卻
仍未脫「貴介公子」習氣。對於曾氏兄弟，彭士望、魏氏叔、季似乎
都認為應盡規勸的責任。由諸子批評的激烈程度，倒是可以推想這對
兄弟的承受力，甚至胸襟的坦蕩。曾燦說叔子是自己的「性命肺腑之
交」，「奉為畏友者垂四十年」（《與曹秋岳先生書》，《六松堂詩文集》
卷 11），直到叔子故去之後，對於那直言仍感激不已。

曾燦「六松草堂」的大致位置，據鄧先生的踏勘，距叔子在水莊
的學館不遠。鄧先生指給我們那標記，是一方水塘和杉樹，六棵松已
無存留。墓卻還在，被列入了寧都縣文物保護單位。乾隆六年刊本
《寧都縣志》卷 2《建設・名墓》，易堂人物的墳塋見諸記述的，只
有「三魏」之父魏兆鳳墓與林時益墓。

曾燦的墓在臨著公路的草叢中，不知是否有人祭掃。天色向晚，我們站在草叢中辨認碑文。由碑文看，墓道文字出諸「易堂友兄」彭任之手，奇怪的是，不曾被收錄於彭任的文集。

曾燦是死在京師的，歸葬故園，不知是否出於他本人的意願。

鄧先生說，他曾親見出土的彭士望墓碑，此碑已下落不明。新修的邱氏宗祠，荒草中的曾燦墓，與魏氏兄弟、彭士望有關的遺跡則了無存留──諸子身後的遭際竟也有如是之不同。

7

在叔子與彭士望遇合的動人一幕中，彭士望邀了同來的林時益，顯然是個次要的角色，即使在事後的追記中，也被認為無須給予更多的筆墨。林時益的意境，確也要在此後易堂故事的演進中，才有機會展開。

「九子」當其時，聲名已顯晦互異。由諸子的文字看，李騰蛟諳練世故，能周旋人情，或不免有一點鄉愿氣味。叔子曾勸他「把『忠厚長者』四字絕之如仇」，說如此「學問才有進長」，李氏以之為「藥石之言」（《答南昌門人胡心仲》，《半廬文稿》卷 1）。但在一個群體中，此種人物自不可少。由邱維屏的文字看，李氏頗能「解紛排難」，以至諸子「恃以無患」（《祭李少豐文》，《丘邦士先生文集》卷 16）。據季子說，李騰蛟徙居三峰後，授生徒，弟子「朝夕歌詩，揖讓折旋」，李氏本人，更是「雍雍有儒者風」（《寧都先賢傳》，《魏季子文集》卷 15）。《半廬文稿》卷 2 有《持敬箴》、《主靜箴》等篇，胡思敬的跋，說李氏「在易堂中檢身最密，嘗籜冠為諸弟子講《禮》，同時朋輩皆畏憚之」。李氏自己卻說「於性學之篇，未有所窺」（《嘉禾訪道序》，《半廬文稿》卷 1），並不自居為理學中人。

　　李騰蛟為彭任畫像，說其人「容貌粥粥，若無能於；其言吶吶，如不出諸口。沉潛溫恭，天姿近道」；還說彭氏為「訪道」，不惜「徒步擔簦」，而從道學中人遊（同上），都令人想見其人與三魏、彭士望氣象的不同。彭任一再說自己「愚」、「拙」、「魯鈍」，說自己「質魯而拙於學，不能詩復不能文」（《草亭文集‧草亭存稿自序》）。由文集看，彭氏在九子中確也較「庸」。《易》有所謂「庸言之信」、「庸行之謹」，有人正由「布帛菽粟」的一面欣賞彭任那些樸拙的文字（參看王泉之《草亭文集‧序》）。

　　此外由叔子的詩中可知，彭任較他年少，卻性情溫厚恬淡，有長者風，或許確係儒家之徒，只不過未必如《行略》（見《草亭文集》）所寫的那樣儼乎其然。看他的那篇《時鬍子傳》（《彭中叔文鈔》），就可以知道其人善詼諧，決不像有一張道學臉。

　　據叔子說，季子「剛直」，「性訥，寡言論，然往往面折人」（《季弟五十述》，《魏叔子文集》卷 11）——「三魏」性情有別，「作風」於此卻不無相近。叔子又說其弟「性褊，不能容物」，這一點與叔子大不同。叔子還說季子「沉毅剛苦，勇於義概，雖水火白刃，不易其一言」（《魏季子文集‧序》）。

　　兄長既負盛名，「弱弟」即不免要生活在其兄的陰影中，儘管季子的性情，毋寧說較他的二哥強悍。由遺留的文字看，季子也像是很安於次要的位置，對其叔兄不勝傾倒。

　　至於伯子的故事，留待下文中再講述。

　　在作了上面的介紹之後，有必要聚焦「九子」中最聲名顯赫的魏叔子禧。

　　由季子的《先叔兄紀略》可知，魏氏一族居寧都南關。近代以來城市擴張，城鄉的邊界漸就模糊，人們已不大有「關廂」的概念。由上文所述魏叔子、彭士望遇合的故事，可知魏氏是傍河而居的，那河

就是梅川，諸子在詩文中常用來指稱寧都的梅川。魏氏有五子，其二夭，故「三魏」以伯、叔、季行。魏禧，字冰叔，又作「凝叔」。邵長蘅《魏禧傳》說魏禧字叔子（《碑傳集》卷 137），不確。明末另有一位姓魏名沖字叔子的，錢謙益《列朝詩集》丁集有傳。伯仲叔季，本是兄弟行的排序，而伯子、叔子、季子以魏氏兄弟之名為世所知，無非因了魏禧的名聲。

魏氏祖上像是沒有高官顯宦，曾有先人因捐穀行賑，得到了朝廷旌門、賜冠帶的殊榮，於是建了「聖旨門」，「門內建高堂廣室，落地者千柱」（《從叔父篤棐翁墓誌銘》，《魏叔子文集》卷 18），很是炫耀了一番。據邱維屏說，魏氏「世以貲雄」（《天民傳》，《邱邦士文鈔》卷 2）。也如通常的那樣，當我們的故事開始的時候，家道已稍落，因而「三魏」的人生道路，才與尋常富家子有了不同。

季子說他的叔兄「為人形乾修頎，目光奕奕射人」（《先叔兄紀略》）。邵長蘅的《魏禧傳》則說叔子「修乾微髭」。想來此人頎而臞，有點飄飄然的樣子。

魏禧不曾「與義」，非理學中人，不以詩名；雖曾授徒，門下絕對沒有如劉宗周、黃道周那樣強大的弟子陣容。其人在清初的聲望既不像是賴有學識（如顧炎武、黃宗羲）、或學識兼才情（如方以智、傅山），也非賴有事功（如其時名臣）。其傾倒一時的魅力，更像是因了熱切的救世情懷，因了那真誠，當然也因了使其情懷、真誠得以表達的文字、言論。「三魏」的族祖魏書（石床）批評叔子，說大抵其人其文其行，「皆如水晶射日，又如新劍出冶，光芒刺人而鋒鍔淬手」（《裏言》，《魏叔子日錄》卷），以此而招來「尤怨」，也應以此而令人傾倒折服。

伯子、叔子都曾師事同縣的楊文采（一水）。楊氏是其時名宿，曾燦與其父均出楊氏門下。叔於是楊氏的得意弟子，據邱維屏說，十

四歲那年，叔子就敢於校正其師，而楊老先生非但不怪罪，而且以此弟子為「明鏡利劍」，說自己理應是叔子的「門人」（《楊先生墓誌銘》，《邱邦士文鈔》卷 2）。叔子自己也說「十四歲受業楊一水先生，時先生年五十三，每命餘論定其文」（《孔正叔楷園文集敘》，《魏叔子文集》卷 8）。這樣的度量，豈是尋常人能有！

這對師弟間關係之親密，還表現在晚年的楊氏令其子從叔子學，讓他的妻妾出見這門生，以至使叔子「得言家事」（《楊一水先生同元配嚴孺人合葬墓表》，同書卷 18）——這或許是楊氏表達親密的方式。楊文采為叔子業師，其子則為叔子門人，就學翠微峰。楊氏八十即逝，以他兩個兒子的成人託之於叔子（《門人楊晟三十敘》，同書卷 11）——關係也有此層疊。過分的信任，甚至使叔子不堪承受。他對門人說，他「生平被先生信怕了」（《裏言》）。

楊氏確也是奇人，他曾被兵逮繫，竟然能酣睡在「獰卒」間而鼻息雷動（《復孔正叔書》，《樹廬文鈔》卷 2），其人的膽量可想。

下面我們還將看到，叔子不但處師弟，而且處兄弟、朋友，無不風味古老，處處表現出對合乎理想的倫理意境的自覺追求。在叔子，上述關係自然屬於構造完美人生的要件。叔子算得上「完美主義者」，在這些人生的大關節目上，他不能容忍任何缺憾。當然叔子的「完美主義」不同於儒家之徒，他不斤斤於德行的醇疵，注重的毋寧說更是人生意境。他孜孜不倦地追求的，是這意境的完整性和詩意。

叔子說那時師道衰敝，「父子有秦越，朋友無膠漆」（《乙巳正月雪中送門人熊頤歸清江》，《魏叔子詩集》卷 4）。季子更有其憤激，說：「今之言古道厚道者，鍥薄而已矣。所謂『刎頸之交』，見利害則能刎彼友之頸耳。」（《與黎婉曾觀察書》，《魏季子文集》卷 8）正因了天地間多缺憾，才更令人感到責任重大。叔子和他的友人對於人生意境的刻意營造，未必不也多少出於「整頓倫理秩序」的責任意識。

叔子五十一歲那年，彭士望在壽序中，說易堂中人「求文章卓然有用，能自成就，以布衣久隱畏約，抗行天下，惟叔子一人而已」。其時彭氏已六十有五，自以為可以下此斷語了。在彭氏看來，叔子無疑是天生的領袖人物，有智謀、能擔當，且富於親和力，「為人一本于忠厚，天真爛漫，人樂親之」（《魏叔子五十一序》，《樹廬文鈔》卷7）。其性情、稟賦，正像是為了應付這亂世而準備的。

彭氏還說其時叔子聲名煊赫，「而遠近士歸之如流水，望之如泰山喬岳，三百年布衣之盛，未嘗有也」（同上）。人對於當世人事的判斷，往往因距離過近而難以恰如其分。幸而魏氏兄弟還保有幾分清醒，對於時人擬「三魏」於「三蘇」，就不以為然，認為人各有我，無須「高擬以辱古人」（參看《魏氏三子文集序》，《林確齋文鈔》）。至於叔子在易堂歷史中所佔據的中心位置，固然由於他的個人魅力，我猜想多少也因了他的長於敘述。易堂故事本來也生成於諸子的敘述中，敘事主體又互為客體，彼此狀寫形容。最長於敘述又最為他人所敘述的叔子，其在群體歷史中的醒目地位，是自然而然的。

8

叔子將結交作為了一項事業。由他本人的敘述看，他的結交由近及遠，從鄉黨戚族開始，先有了邱維屏、曾燦、李騰蛟等一班友人。所交的同縣朋友中，還有姓謝名廷詔者。叔子曾為謝氏撰傳（《謝廷詔傳》，《魏叔子文集》卷17），詳細記述了由相識到定交的過程。謝氏本為寧都人士所不齒，叔子、曾燦等人自信其洞察力，置輿論於不顧，甚至當謝氏患病時，為其端「溺器」，而謝氏視之，「晏如也」。

謝廷詔泰然面對叔子、曾燦的為他端「溺器」，也如邱維屏的坦然於精舍裘緞，最能見出性情，也最足證叔子鑒識之精。為他人作傳

的，也就此將自己的性情面目「傳」在了裏頭。在我看來，這段故事中，可愛的仍然更是謝氏。由叔子的記述可知，叔子對他自己的行為極其自覺，筆墨間還留有掩藏得不那麼徹底的優越感；謝氏接受這份情誼的態度，更率性，出之以自然。

《謝廷詔傳》所記述的，是一次成功的戰國時代四公子式的結交，雙方的行為均「古意盎然」。叔子所耽嗜的，或許就是此種「古意」。這篇文字之後邱維屏的評語，說叔子以其知謝氏為「一項得意事」，「通篇寫得意處最佳」。魏禧、彭士望本性情中人，隨時準備著傾倒一腔熱情，而在結交這一題目上，卻像是極理性，甚至不厭重複地談到功利目的，惟恐別人誤解似的。在我看來，他們掛在嘴邊的「收拾奇士」、「得豪傑而用之」、「薪盡火傳」云云，更像是話頭，未見得真有他們所聲稱的那般要緊。我寧將叔子的結交看作一種審美活動，而非如他們自我想像的準政治行為——與政客式的籠絡網羅，的確也意境有別。由彭士望、魏禧的文字看，他們的收獲，確也在結交之為過程，在知人、由知人中獲取審美愉悅，以至攝取營養，完善自己的心性。

無論「收拾奇士」、「造士」一類題目是否誇張，在明末清初之世，如叔子這樣能身體力行其主張的，多少令人想到那個吉訶德先生。叔子癖嗜《左傳》，他關於友道的理想型範，也像是得之於那個時代——由此也可知對於叔子，《左傳》之為思想以及想像的資源。

寧都之外，「九子」另有一些親密的友人，即如著《讀史方輿紀要》的顧祖禹。叔子的友人名單上，排在前面的，還有李世熊（元仲），也是其時遺民中的豪傑之士。贛南與閩地相接，20 世紀 30 年代，這一帶有閩粵贛根據地。叔子自說「生平未嘗一至閩，故交閩人絕少」（《泰寧雷翁七十壽序》，《魏叔子文集》卷 11），這「絕少」中，就有寧化的李世熊。

　　那一時期江右有南豐的「程山六子」、星子的「髻山七子」，被
「易堂九子」引為同志。所謂「程山六子」，即謝文遊（約齋）與他
的幾位門人，甘京（健齋）、封溶（位齋）、黃熙（維緝）等人。至於
「髻山七子」，則為宋之盛（未有）、吳一盛（敬躋）、余嘩（卓人）、
查世球（天球）、查轍（小蘇）、夏偉及宋氏門人周祥發。

　　他們的朋友中，還有遠在廣東的所謂「北田五子」（北田在順德
羊額鄉），即陳恭尹及其友人何絳（不偕）、何衡（左王）、梁梿（器
圃）、陶璜（苦子）。陳恭尹係著名忠臣陳邦彥之子，清初與屈大均、
梁佩蘭，被時人稱為「嶺南三大家」。「五子」中僅陳恭尹到過贛州，
其時還不認識易堂諸人。但這並不妨礙陳恭尹們以贛南的易堂諸子為
朋友。陳氏《送曾周士還寧都兼柬翠微諸兄》就說：「一回相見一情
親，語默周旋並是真。」（《獨漉堂全集‧詩集》卷 3）可以想見清初
各地遺民間的聯絡。士人不以鄉邦自限，力圖友「國士」、友「天下
士」，易堂並不是突出的例子。在那個時代，交遊被作為士的造就的
條件——無論成人還是成學。因而為求一友，不惜千里命駕。彭士望
就曾「扶衰冒艱險，數千里入粵」結交陳恭尹（《獨漉堂詩序》，《樹
廬文鈔》卷 6）。那年彭氏已六十六歲。至於「X 子」之數，則不免
於湊。樂於集群，或許可以看做那個正在成為過去的時代的余習。

　　易堂魏氏叔、季與彭士望，在與人交往中都像是有十足的吸引
力，而叔子令人依戀之深，則一再見之於他本人的記述（如《華子三
詩敘》、《孔正叔楷園文集序》，分別見《魏叔子文集》卷 9、卷 8）。
據彭士望說，顧祖禹甚至為淑子「執蓋」，「追隨大道中如昆弟」（《魏
叔子五十一序》）。彭氏還曾說到孔鼎（正叔）對於易堂之人，好之幾
於「耽癖」（《復孔正叔》）。其時因親近了叔子而嗜易堂有癖的，像是
頗有其人。據說屈大均也曾想到翠微峰「相講習」（《屈翁山文外
序》，《魏昭士文集}卷 3）。由此的確不難令人想見同一時期士人對於

易堂的傾倒、易堂中人的人格感召力。

易堂的當世影響，自然更係在叔子的個人魅力上。那時有「十二聖人」的說法，叔子是十二人之一（閻若璩《潛邱劄記》卷 5。閻氏在此條中解釋道：「謂之聖人，乃唐人以蕭統為聖人之『聖』，非周、孔也」）。那個時期被人以「聖人」看待的，更有劉宗周、李顒、顏元等「粹儒」，可據以考察明末清初士人（以至平民）的精神、道德需求。不同於劉宗周、李顒，魏禧對士人的吸引力，似乎不全由道德的完美，也無關乎信仰。人們所欣賞的，或許就是其人的率性而又不有違於社會行為規範，豪邁卻不失文人式的優雅。公眾的精神需求本是多方面的。這種對於人鑑賞力，也應賴有有明一代藝術氛圍的滋養的吧。

9

恰有一批熱血男兒，在患難時世相逢，不能不說是一件幸運的事。叔子確也以此為幸運。他曾引了古人的話，說「人生遇合，天實為之」（《同林確齋與桐城三方書》，《魏叔子文集》卷 5）。無論在寧都與彭士望、林時益，還是後來在翠微峰與方以智的「遇合」，都若有宿緣，卻也得之於「天」。

「亂世」提升了五倫中「朋友」一倫的重要性。季子說：「予嘗謂《五經》之有《詩》，如五倫之有朋友，君臣、父子、夫婦、兄弟所不能通者，朋友通之；四經之所不能感動者，《詩》則能感之。」（《魏季子文集》卷 7《李雲田豫章草序》）彭士望則直說他的個人經驗，曰「我生不辰，四倫缺陷，賴朋友補之」（《及聞人梁份書》）。發生在明清易代之際的危機原是多方面的，其中就有倫理危機。宗法崩解，朋友一倫突顯，正透露了此中消息。易堂諸子對於他們所認為理

想的倫理境界的刻意營造，毋寧看做對「危機」的一種回應，且不止於「補苴罅漏」，而是積極的人生創造。

「易堂九子」好說友道、交道，於此也所見略同。曾燦說，「人不可一日不讀書，尤不可一日無朋友」（《呂御青詩序》，《六松堂詩文集》卷 12）。彭任有《求友說》，季子則有《全交論》；叔子的《書蘇文定重臣後》（《魏叔子文集》卷 13），直是一篇「畏友論」。林時益也自說他「逢人欲碎琴」（《廣昌喜與程士桔訂交報洪開之在韶》，《朱中尉詩集》卷 4）。他們既然相信士的造就有待於相互「洗髮」、彼此「夾持」，五倫中朋友一倫，就不免負擔了嚴重的道德使命。即如叔子，就認為如他這樣僻處鄉曲者，倘若沒有彭士望這樣的人物為其開發心胸，有一幫朋友的砥礪、「夾持」，最終不過是「鄉曲之士」罷了（《與李翰林書》）。

叔子在他的文字間，尤其不掩「結交」這項事業成功的得意，與世間美好事物相遇時的心神愉悅。談到交友之道，他的議論也別有警策，能道他人所未道。即如說，「凡交友必要交倚恃得者，凡做人必要做能為人倚恃及終身可不倚恃人者」；還說曾與季子論兄弟朋友如何才是「至」處，那結論是：「設或一事誤我性命，死而不怨；一事救我性命，生亦不感。」（《裏言》）凡此，都應當由歷練中來。「人事」是一門大學問，古代中國的士人往往研究到極精熟，雖所得不免零碎，其中卻不乏人生智慧。

彭士望說，他知道「古人有篤嗜者必有深癖，有深癖者必有至性」（《長洲舊文學顧君生壙誌》，《樹廬文鈔》卷 9）。易堂如「三魏」、彭士望、林時益，無疑是有「深癖」、「至性」者，他們之間韌長的友情，正基於此「深癖」、「至性」。叔子就自說他「於天性骨肉中頗不可解」，那一腔熱血既不能用於君，也就不免用於友（《復六松書》，《魏叔子文集》卷 5）。而鄉土社會本鼓勵男性同性間的情誼，

這也是有可能公然表達的情誼。

危機，患難，確也將「友」之一倫對於士人的意義，成倍地放大了。易代不僅提供了緊張感，也提供了對於友情的道義支持。孤危，孤絕，孤即「危」即「絕」。於是守望相助，以沫相濡，這類故事似乎隨處可聞。即上面寫到的彭、魏的結交，就顯然可見易代之際的特殊顏色，在諸子的敘述中，有了平世所不能比擬的嚴重性。

由後世看過去，那確也像是一個鍛造友情的時期。一時的知名之士中，如吳應箕與劉城，熊開元與金聲，陸世儀與陳瑚，各有一段可歌可泣的故事。北方如孫奇逢與孫承宗、鹿善繼，相互間的激賞渴慕，也正如易堂諸子似的情見乎辭。鹿善繼就說過，欲使「當世悠悠者，知風塵之外別有一段古道交情」（《答楊明宇書》，《認真草》卷 8）。鹿氏本性情中人，剛腸疾惡，而於生民休戚，耿耿不忘，較之魏叔子、彭士望，少了一點文人習氣，而能任事，敢擔當，也更豪傑性成。

亂世固然提供了友情得以展開的舞臺，劇情卻仍賴有人各不同的創造。易堂故事，是諸子的創作，也賴叔子、彭士望們的敘述而展開。叔子既長於自述，又不吝描繪他人，毫不掩飾其自喜自戀與對兄弟對朋友的愛，友於之情洋溢紙上。這也是叔子文字中的柔情之源。他的這類表述，毋寧讀做關於友朋、關於群體的詩意想像，對合於理想的倫理意境的想像。在他的筆下，那一班熱血男兒彼此傾倒愛慕，全無狎昵的成份，也真的是一份淘洗得極純淨的倫理感情。

因了彭士望、林時益的到來，此後以「易堂」名世的群體的成員已大致聚齊，只待一朝登上翠微峰，開始一段將會使他們懷念不已的生活。

順治七年（庚寅），寧都城破，易堂諸子因已避居翠微峰，得以保全。

　　據彭任說，城破之時，「城之西北居民戶萬家，無複數瓦一椽之得留」（《金精募貲修理引》，《草亭文集》）。邱維屏也說，縣城之西南，「往者居民近萬家，而今蕩然無複數瓦之存」（《淨土庵募修理贊引》，《丘邦士先生文集》卷 10）。

寧都・翠微風（一）

10

第二天有雨，我們仍依照原計劃去了寧都縣城西的金精十二峰。剛剛在位於山中的度假村安頓下來，就撐了雨傘，由李先生嚮導，向翠微峰的方向走。北方苦旱，久不聞這樣的穿林打葉聲了。曾燦有「遙望翠微峰，草先春氣綠」（《望翠微峰》，《六松堂詩文集》卷 2）的詩句，於是想到了早春時節，山裏山外若有若無的草色，迷蒙在春雨中。

魏伯子說過：「贛屬邑十二，而文物則在寧都。寧都林壑最名勝者，又莫如金精，所謂天下福地三十六者也。」（《重修蓮花山古寺序（代）》，《魏伯子文集》卷 1）季子則以為這裏「岩壑靈奧」，未必不能「與通都名勝相軒輊」，只不過行旅者少，不能為世人所知罷了；這種命運，也正與「僻鄉之賢」相彷彿（《寧都先賢傳》）。

金精洞，因傳說漢末張麗英在此飛升而成名勝。「自洞迤西北，奇石四十里，拔地倚天」，即所謂「金精十二峰」。當魏氏丙戌山居的時候，這裏的殿宇已「日就傾圮」，此後易堂中人曾屢次參與修復（《重修金精山碑記》，《魏叔子文集》卷 16）。

距金精洞百十丈的翠微峰，乃金精十二峰之第一峰。乾隆六年刊本《寧都縣志》卷 1《輿地・山川》：「翠微山在金精山前，色如丹霞，故又呼『赤面砦』。」峰並不高峻，叔子說「四面削起百十餘丈」（《翠微峰記》，《魏叔子文集》卷 16），邱維屏說「赤石三十仞」

（《寄壽熊養及尊公見可先生》，《丘邦士先生文集》卷 17）。但諸子狀寫此峰，說它巉削，陡絕，卻是真的。

由色赤的這面仰視，這峰的確如叔子所形容，「如孤劍削空，從天而僕」（《翠微峰記》）。

登翠微峰的路在「坼」即山體的縫隙中，那坼也如叔子所說，「自山根至絕頂，若斧劈然」。至於山路之陡，還是林時益「前足接後項」說得切實（《己亥正月十二日蚤同吳子政過嶺遲躬巷友兒登翠微峰訪魏叔子季子……》，《朱中尉詩集》卷 1）。來寧都前讀諸子文字，設想過那些人登山，或有可能借助「筍輿」，由人抬了上去，到了其地，才明白必得手足並用，「捫壁」且「猿掛」。我已爬過了據說最難的一段，卻因兩臂無力，在有金屬杆楔入處停了下來。豈料此後的兩天雨下個不停，竟沒有了再試的機會。

但那十幾米的攀爬，已讓我約略體會了「猿掛」的滋味。動身之前，我其實已經知道，那山我多半只能「望望竟去，不復上」的，倘勉強攀登，多半會「色勃骨戰慄」，以致不能下的吧。據登上了峰頂的同伴說，那裏確如當地人所說，一派荒蕪，但我仍然以為倘若我能登上，所見所感會有不同。對於未能登頂，我其實也並不那麼懊喪；我不知道未親履其地，是否真的有那麼可惜。

石磴中至少應當有部分為當年所鑿。由下文將引到的彭士望《翠微峰易堂記》看，九子當時也裝設了「槽木」，使攀登者有所「憑翼」，但照明設備，多半是他們夢想未及的吧。想到那些書生，甚至他們的女眷，就由此上下，甚至叔子七十二歲的業師楊文采，也能「百磴陟翠微」（《壽楊一水先生七十有一》，《魏季子文集》卷 2），而邱維屏返回其河東舊居後，「嘗自河東一日往還翠微山教授弟子」（叔子《邱維屏傳》），不能不有一點汗顏。誰說書生就必定文弱！寧都的李先生告訴我，據說叔子之婦每由此峰上下，總·要痛哭一場。

他疑惑地問，「九子」隱居，為什麼要選擇這裏？的確，對於那些婦人，這攀爬是太艱難了。

我猜想，魏氏兄弟的選定了此峰，除了彭氏《易堂記》所舉理由外，多半還因了好奇的吧。山為小民提供了現成的避難所，也提供了士夫的避世之地——卻往往更在象徵的意義上。星子的宋之盛曾引友人說盧山語，說那山「如一巨丈夫，人想慕求識其面，有過李邕」（《續盧山紀事序》，《鬢山文鈔》卷下）。高山仰止，景行行止。士人讀山，往往將自己也讀入其中，讀進了山的性情、風貌中。魏氏兄弟的選擇翠微峰，很可能也為了尋求象喻，關於自己的人格、襟抱的象喻，為此不惜忍受諸種不便，支付本可不必付出的代價。

但如已經說過的，這一帶山算不得高，也並不如我想像的那樣菁深林密，植被茂盛。我們在這一帶沒有看到古木蒼藤、霜皮溜雨、黛色參天，也不曾見懸泉流瀑，甚至絕少聽到鳥鳴。那曾經在翠微峰上與諸子爭食的「狙公」，自然也早已絕跡，因此少了我設想中的神秘。但山自古，山色自青蒼。雨中的淒清，則是肌膚可以直接感知的。我感覺到了山的呼吸。

我知道我所尋訪的人物曾在這裏生活過，呼吸過這一方空氣，踩過這些石階，曾將話語播散在此處的山風中，播散在蒼老而至今依然新鮮的山色樹色中。較之遺跡，我所要尋找的，毋寧說更是「氣息」，是一些不賴有實物指證的東西。我來到這裏或許竟不是為了尋找，而是指望一個塵埋已久的故事，借諸其發生地的潮潤空氣，在我的筆下蘇醒。

11

彭士望《翠微峰易堂記》中說：「丙戌冬，閩及贛郡繼陷，諸子

畢聚，始決隱計。丁亥合坐讀史……是冬，諸子言《易》，卜得
『離』之『乾』，遂名易堂。」據此，易堂的歷史應當自順治三年
（丙戌）、四年（丁亥）算起。由此，諸子在翠微峰頂開始了六年左
右的聚居。

當時魏氏對於此山，是擁有「產權」的。一些年後，季子之子魏
世儼還說：「翠微一片石，雖不得與五嶽、五邱相比併，然甲乙之
間，邑人以重金營一室基而不可得。」（《送梁質人歸南豐序》，《魏敬
士文集》卷 3）至於「買山」之外，在決定了隱居後，諸子有過何種
準備，由他們的文字就不能得其詳了。

丙戌正是多事之秋，南明隆武、紹武朝於此年相繼覆滅，丁魁
楚、瞿式耜等立桂王於肇慶府，以第二年為永曆元年。丙戌這年，為
易堂諸子所仰慕的方以智，還在南粵漂泊；顧炎武因母喪未葬，欲往
閩中赴唐王職方（兵部職方司主事）之召，不果行（《顧亭林先生年
譜》）；王夫之於是年上書章曠，「指畫兵食」；而在諸子居翠微峰期
間，曾舉兵衡山，並一度任職永曆朝。這一年黃宗羲的經歷尤其複
雜：曾在魯王「行朝」，兵潰後一度入四明山結寨；山寨被焚，奉母
避居化安山，當易堂諸子在翠微峰上讀《易》，黃氏則在另一處山
中，「雙瀑當窗，夜半猿啼倀嘯，布算欷欷」（《敘陳言揚句股述》，
《黃宗羲全集》第 10 冊第 36 頁），從事有關歷、算的著述。

彭士望的《翠微峰易堂記》與叔子《翠微峰記》，都詳細指點了
登山路線，猶如一篇旅遊指南。《翠微峰易堂記》開篇寫金精一帶形
勢，翠微峰的險峻，以下即登山路徑：

「峰東首坼微徑，僅可容一人，初入益暗，稍登丈餘，抵內壁，
一孔僂出暗橋下，孔可三尺許。出孔，徑益隘，更捫壁側行，旋折登
數十步，漸寬。崩石欹互，如遊釜底。再上及閣道，孔出如暗橋，忽
開朗軒豁。石穹覆，東向納朝日，日『鳥谷』，可容百十人庇風雨。

烏谷上棧道梯磴雜出，徑視初入益隘。頂踵接，更千步，壁盡，曠朗，磴道益寬。人翔步空際……」

我的同伴登山所經，想必已沒有如是之複雜曲折。

據彭氏說，翠微峰「脊坼三幹（按即峰頂向三個方向伸展），環周二里許，下視城郭，溪阜陵谷，村圃畎澮，人物草樹屋宇，圜匝數百里，遠近示掌上」。易堂的位置在中幹，「堂廣二丈，深二之一有半，北向」，「堂前門外隙地，舊有泉湧出，亦甘冽……」。以下寫此堂周圍的房舍屋宇，於是你知道了，除了「澄碧甘冽寒潔」的泉水之外，這裏還有高柳，「垂條拂地」，「濯濯可愛」，有藤蘿，有叔子所鍾愛的桃花。

寫作上述文字的彭士望，已在垂暮之年，「俯仰陳跡」，不勝「今昔聚散存亡興廢之感」。他借諸書寫，回味與懷念，用文字愛撫這個他曾與友人聚居過的地方，愛撫那一段往事，記述之細密足證愛之深切。他導引你由寧都出發，循山路進入易堂，指給你看那些林木泉池，鼓勵你想像在這些盧舍間流經的歲月，而他本人則先自感動，低迴不已。你於是知道了，即使為了避亂的聚居，也不能阻擋文人營造詩意的努力，或許倒是鼓勵了此種努力。

季子說此峰「裏之人罕登者，登人亦罕真知之」（《鄒幼圃來翠微峰記》，《魏季子文集》卷 12）。叔子也說「相傳自上古來，無或登而居者」（《翠微峰記》）。也因此那峰頂才像世外。邱維屏就說過，由翠微峰向東看，距他河東故居僅二十里，卻像是「有塵海之隔」（《送鄒九侯自翠微還歸序》）。諸子居住的當時，翠微峰還「灌木鬱勃陰森，見者疑有虎豹」（《翠微峰記》）。叔子說他曾於石磴上失足，險些喪命，竟以為「是日以往，皆餘年也」（《述夢》，《魏叔子文集》卷22）。一些年後，叔子出山而作江淮之遊，還向別人誇耀翠微峰，用

了挑剔的眼光看所見的山，以為「無足當意」(《魏叔子文集》卷 9
《遊京口南山詩引》)。

彭士望寫翠微峰，目標在為易堂作傳，因而力圖全景呈現，鉅細
不遺，務期將那段生活固定在紙上，使之不致湮滅。叔子的文字，較
彭氏差勝，記述也較為簡明，但他的寫《翠微峰記》，興趣是更個人
的，關心更在他本人的生活環境，尤其它的得意之作「勺庭」。他
說，勺庭是一處草堂，因池而得名，那池中滿是蓮花，環屋則是桃
樹，「予獨居之」。一些年後，當倦遊的季子修築了他的「吾廬」，叔
子也為「吾廬」作「記」，極言其勝，說在這一帶建築中，「吾廬」所
處地勢最高，季子在經營上很用心思，除「高下其徑」外，還遍植花
木，甚至「架曲直之木為檻，堊以蜃灰，光耀林木」(同書卷 16《吾
廬記》)，以至人們老遠就能看到。叔子自稱「勺庭氏」，稱季子「吾
廬子」，都見出對那廬舍的鍾愛。季子也頗自得於「吾廬」這一作
品，自說「山頂結廬，俯視千峰，煙雲來去，日月空朗，時或積雪照
床，春花接席」，又每有兄弟朋友「對景談讌」(《與劉長馨》，《魏季
子文集》卷 9)，樂何如之。

對高度的追求，與對於超拔的人生境界的追求一致──意氣豪邁
的季子，宜乎有此。

12

每當世亂，普通人的諸種對策中，會有「避地」這一選擇。而在
現代武器被用於戰爭之前，避入山中，通常被作為首選。諸子登翠微
峰的次年（丁亥），王夫之曾隨其父隱居南嶽衡山，只不過時間較為
短暫而已。廣東的陳恭尹也曾與二三好友入山，有「終焉之計」。顧
炎武說卜居華下，那思路中有「一旦有警，入山守險」(《與三姪

書》，《顧亭林詩文集》第 87 頁），也關涉著對於山川形勢的利用。當然，避地未必非避于‧山。陳瑚就避於水（良山的蔚村），也取其處隱蔽，便於藏身。

前於「易堂九子」的登翠微峰，崇禎十一年（戊寅），孫奇逢曾與戚、友有避地之舉，「諸友相依而至者數百家」，規模遠非易堂所能比擬。其時孫奇逢已年屆五十五歲，號稱「大儒」，是北方士人中的領袖人物。孫氏避入的，是五峰山的雙峰。但孫氏和他的族人徒眾次年春天就離去，儘管崇禎十五年十月聞警再度入雙峰，甚至第二年三月有守禦之事，事平仍然各自歸里，較之易堂，屬於臨時性的集結。孫氏甲申那年春也曾攜家入雙峰，只是為時更短暫。據《孫夏峰先生年譜》，孫氏「結茅雙峰」期間，曾「與同人修武備，興文學，干戈擾攘之時，有禮樂炫誦之風」。

這種在後人看來略具戲劇性的「避地」，在當事者，未必不是在有意地搬演故事。茅元儀（止生）的《掃盟餘話序》，就將孫奇逢的率眾入五峰山，與三國時期田疇（子泰）因董卓之亂，「率宗族鄉黨入徐無山中掃地而盟」相比（《孫夏峰先生年譜》）。只是孫奇逢等人的避地較之於田疇，規模又有不如。無論追隨孫奇逢的，還是追隨魏氏兄弟的，主要是「衣冠禮樂之士」，雙峰、翠微峰均為士大夫的集結，雖有親族追隨，卻與其它草民無干。

關於金精山，顧祖禹的《讀史方輿紀要》中說，其「黃竹、赤面（按即翠微峰）、三峴、冠石諸砦，自昔避兵處也」（卷 88 第 582 頁）。

避地自保，選擇自然在易守難攻。彭士望《易堂記》說，此峰最利在守：「一弱女子可抗千勁卒。」他還說到「山遠望馴伏，近巉峭，渾成一石，隱不見屋，乍至非望見扶闌，疑無居人」——是如此隱蔽的所在。諸子的防守是認真的，據彭氏所記，他們的確曾在隘口

處設柵、礧石、施樴，在閣道上下「積芻荄米穀」，以至設置石砲等，「嚴啟閉，隱若敵國」。我猜想這種準軍事化的氣氛，會使習慣了優遊的士夫感到興奮。至於擬想中的威脅，主要應當來自「亂民」。諸子存留的文字中，關於清兵絕少涉及。曾燦《感亂》一首，有「群凶夜走湖東道，胡騎長驅梅水城」（《六松堂詩文集》卷 6）句，多少像是例外。

此種避地的聚居，較之平世的文人社團，自然有其組織的嚴密性。上述防守設施就包含了有關敵／我、生／死的意義嚴重的提示。此外翠微峰頂另有禁約，比如「毋別售、毋引他族逼處」、「佩刀者毋得入」、「毋宵歸，非山居人毋聽上」、「夜呼，雖父子必待曉，辨察然後入」等等，不難令人察覺生存於亂世的緊張。諸子間的親密之感，多少也賴有這一種緊張的吧。人與人之間的依存，就這樣被極度地強調了。事後的回憶中，他們確也會懷念那種緊張，那種被如此具體地提示著的命運與共之感。

季子說，翠微山砦對於邑人有示範作用，「邑人仿傚之，得免寇攘之難」（《先叔兄紀略》）。據近人所修《翠微峰志》，這一帶山，直到近世，仍然被寧都人作為逃避戰亂的所在。40 年代末，曾有國民黨殘部在這裏憑險頑抗，仗打得很激烈。50 年代有一部影片《翠崗紅旗》，取材於這次戰役，「翠崗」即翠微峰。只是易堂未曾動用的軍事設施，到此時肯定已蕩然無存。

走在山中，我們看到了形制互異的寨門。除了夾在山間的大小田塊和農人踩出的小路，殘存的寨門寨牆（甚至還有修築於近代的地堡），是金精山中最易於辨識的人跡。卻又正是這些人跡，使得歷史的印痕模糊不清，三百多年前與半個多世紀前的影像，交錯疊印在了一起。

魏禧、彭士望均不乏「先幾之識」。南昌之屠，彭士望、林時益

已先期南下；寧都之屠，諸子已在翠微峰頂。一些年後，叔子向方以智的三個兒子傳授保全之道，說的就是上面的事：「昔者甲申之變，禧與父兄謀破產二千餘石，營金精鬥絕而居之，後七年寧都城破，家得全。益（按即林時益）於乙酉兵未入境，遽同彭躬蕃挈家南走，從僑居焉，婚友見者，無不背面相笑，後五年江城屠且盡。」（《同林確齋與桐城三方書》）這群書生何嘗缺乏生存智慧，他們是太善於保護自己了。

13

倘若僅據《易堂記》有關「軍事設施」的記述，想像諸子隨時處於防禦狀態，離事實也未免太遠。由他們（尤其叔子）的文字看，聚居翠微峰的日子，這班朋友毋寧說是相當閒適的。從山上看下去，的確令人會有置身世外、置身局外的錯覺，如季子所說「水流花開，與世相隔」（《答曾庭聞》，《魏季子文集》卷 2）。

對於叔子，翠微峰的清晨是美好的。當著「天宇初開，萬物東作」，由翠微峰頂起身，他感到的是「殷殷隆隆，山色鬱然而虛靜無一物」（《許士重詩序》，《魏叔子文集》卷 9）。

山中之夜，天幕高遠而澄澈，枝縫葉隙間，有燦爛的星斗。當此時，會有笛聲，由山巒間悠然而起（《翠微夜聞笛》，《魏季子文集》卷 4）。倘是月明之夜，中宵夢醒，會見月色滿壁，如臥冰壺（《翠微中睡醒同伴坐月》、《五月十四夜睡起坐月》，《魏伯子文集》卷 7）。無錫鄒氏訪翠微峰，「薄暮坐勺庭中，風起，雲四盡，月出如白日，池水光可見鬚眉，鄒子大叫『奇絕』」（叔子《鄒幼圃來翠微峰記》）。

一個這樣的夜晚，季子備了醇醪佳釀，邀朋友在「吾廬」賞月。其時月華浮蕩如水，濃霧悄然湧起，遠近的山巒如島嶼浮出海上。被

奇境所醉倒,在場的人一時靜默無語。彭士望「負杖獨來,倏然若遊魚出於水際」,叔子問彭氏「樂乎」?彭漫然答道:「子非魚,安知魚之樂?」眾人大笑(《吾廬飲酒記》,《魏叔子文集》卷 16)。如此良夜,的確令人心醉。

山居多暇,可以從容地觀賞山色的晦明變幻,細細地玩賞春天的花,秋日的靜。

叔子曾不無得意地說:「方春桃花開,四面花灼灼」(《勺庭示諸生雜得十二首》,《魏叔子詩集》卷 4);還寫道:「勺庭桃李花,爛漫照水隈。」(同卷《贈門人盧永言二十初度》)由諸子的詩文可知,其地還有桂、梧桐、臘梅、椿樹、楸樹、竹、荼蘼、月刺之屬,「桂尤盛,四時花不絕」(《易堂記》)。你不妨想像那些廬舍氤氳在花香之中。黃昏或者月夜,當諸子高談闊論之時,周遭或許就有暗香浮動。

季子在詩中說:「石上芙蓉開,秋日靜如水。」(《盧孝則移家城中來吾廬示留別詩聊答贈》,《魏季子文集》卷 2)他還有「山日清如泉」的詩句(同卷《山中秋思寄懷陰生寅賓》)。非處此境,即不能體驗如此清澈的寧靜。當此時若有屐聲傳來,那可能是良朋來訪。入夜,你可以聽到靜中的汲水聲,舂米聲。月落時分,則有山寺的鐘聲「迢遞到枕席」(同上《隨成》)。倘若你於此時起身,會聽到空階上竹露滴落,宿莽中秋蟲吟唱。

山中景色,即使嚴冬也有其勝。叔子記他在翠微峰看木冰(又稱「樹介」、「木稼介」,即草樹裹冰如甲冑),說所見冰淩「裂竹折樹」,光怪陸離,與彭士望、季子「躝屜遊目」,幾「不知有身」(《淩記跋》,《魏叔子文集》卷 12)。季子也說「木介」雖說不上是什麼「佳事」,「然坐冰壺中,髒腹皆虛照也,則甚樂」(《答曾止山》,《魏季子文集》卷9)。

如若一個嚴寒的夜晚,更深人靜時有叩門聲,那或許是某子讀書

到興奮處，邀同伴共用一份激動。彭士望就曾記叔子在山中讀曾燦帶回的姜宸英《真意堂稿》，「雪夜異寒，讀之狂喜，呼和公，扣弟扉，共賞擊節，亟命兒子鈔誦之」（《復鄒訐士書》，《樹盧文鈔》卷 4）。事後叔子也自笑「黑夜上下數百磴，驚山中雞犬」（《與彭躬巷》，《魏叔子文集》卷 7）。姜氏的文集我也讀過，實在想不出激動了叔子的是什麼。

這一時期山外的世界，波詭雲譎，卻無妨諸子有這樣的好興致，與王夫之《永曆實錄》所寫，不像在同一世界。但諸子並非即在世外。林時益的詩中，就寫到了山下兵丁野營的篝火，星星點點徹夜不熄。叔子也曾在秋山的風雨之夜，百感交集，輾轉反側而不能成眠（《不寐》，《魏叔子詩集》卷6）。

明代在文學史上，小說獨攬其勝，詩、古文似無足觀，明代士人卻以人生為詩，追求詩意地生存。即如魏氏兄弟雖不長於詩，卻無妨其有詩人的氣質情懷，甚至將危機時刻的生活也當詩作了。

經了三百多年的風雨，翠微峰頂的庭園花木，像被風化在了歲月中。我的同伴在那裏見到了叢林中的水池，未知是否易堂舊物。山間的清風明月依舊，你卻什麼也不能確證。你在剎那間會疑惑，是否真的有那些人在這裏生活過，將他們的故事演繹得曲折有致。他們的行蹤被歲月抹去，幾乎沒有留下任何痕跡。

幾年前我曾與一群年輕的夥伴，在豫南的山中夜宿，見到了久違的繁星。那是一個無風的月明之夜。夜半如廁，看到附近山上的樹，樹冠在月光下怒張著，凝然不動，竟恐怖起來。我曾寫過一篇短文，《讀山》，友人說讀了那文字不禁失笑，說我全不懂山。我的確是太平原上人。

由諸子的文字看，山居的詩意並不屬於住在此山的每一個人，也不屬於所有時辰。林時益就曾經寫到，他在山中種了一點菜，無奈卻

為貧困的鄰人所摘（《谷中九九詩》，《朱中尉詩集》卷1）。

山居苦雨而又苦旱，翠微峰上一再有泉涸之憂。用李騰蛟的話說，即「山泉渴已甚」（《過水莊訪魏冰叔》，《半廬文稿》卷3）。由彭士望《易堂記》所列禁約，易堂對於用水的嚴格管理，也可以想見水資源問題的極端嚴重性。甚至有不得不由山下汲水的時候——那當然要賴僮僕的勞作，其辛苦可知。翠微峰上的小社會組織之嚴密，與其說出於守禦的需要，不如說更出於資源——首先即水，此外尚有薪等——分配的需要。諸子終於散居，也應與用水的緊張有關。季子就說過「山居泉涸思遷徙」（《喜雨示儼侃偵生日》，《魏季子文集》卷3）。

水荒之外，也曾為積潦所困。盛夏淫雨，大水漂物，彭士望在《易堂記》中寫到過。伯子、季子都一再寫為淫雨所苦，如「苦雨連旬，雲生窗戶，岩溜噪耳欲聾」（伯子《與李咸齋》）；如「危峰苦雨，孟夏如秋」（季子《答曾庭聞》）。

淫雨之外，還有令人咫尺莫辨的大霧。「天將雨，雲霧從山腳起，頃刻如大海」（《虛受齋記》，《魏敬士文集》卷4）。更有大風。「嚴冬黑雨漫山谷，大風怒起夜發屋」（《大風（庚子孟冬作）》，《魏叔子詩集》卷5），這風甚至會狂吹三日三夜。於是峰上瀰漫著叔子也難以忍受的砭骨的寒意。

即使夏日，黃昏時分也會有寒氣來襲。季子就有「山中當孟夏，日落竟如秋」句（《日落》，《魏季子文集》卷4）。至於隆冬的寒氣，幾乎是不可抵禦的，更何況冬夜。叔子有詩《擁被》，曰：「寥寥冬夜寒，不敢解衣宿。擁被覆頭面，手足猶拳曲」（《魏叔子詩集》卷3）。林時益也曾在詩中描述自己用草來堵塞板屋的罅隙（《谷中九九詩》）。這樣的夜晚，自然絕無詩意可言。當著「終風」在山谷間呼嘯，那冰輪無論如何皎潔，我想都不會引起觀賞的興致。

上述種種不便之外，僻處贛南山中，不可能沒有信息傳輸的滯

緩。二月發自杭州的來書，九月才到山中，季子不禁慨歎著「甚矣，僻鄉之孤陋也」（《答顧右臣書》，《魏季子文集》卷 8）。常在旅中的曾燦，也為郵傳的不便所苦，其（《秋日得長兄壬辰臘月詩》曾云：「驚傳萬里劄，又是隔年書。」（《六松堂詩文集》卷 2）叔子也說過「通問甚難。三年之緘，必山中人來始達」（《答陳元孝》，《魏叔子文集》卷 7）。

叔子的詩作中能找到日常生活的片段，比如寫冬日早晨天氣晴和，他整冠立於前庭看日升，「家人呼我食，雙箸進薯羹」（《梟鳴》，《魏叔子詩集》卷 4）。你至少知道了他在這個早晨吃的是什麼。更為瑣碎具體的生活記述，卻是由林時益提供的。林氏未見得長於詩，卻能用樸拙的字句，絮絮如話家常地將諸子尋常的生活情境呈現紙上。

這天晚上，我們宿在翠微峰下的度假村，有一夜雨聲。因了這雨，自然不能如期待的那樣，看山中明月或繁密的星斗，聽如織的蟲鳴與溪澗的丁東。倘是月夜，周圍的山岩當兀然黝然，山壁滿塗了月華，朦朧窈杳有如奇境的吧。這山間之夜過於靜謐，如在世外，令我不安。我太熟悉都市的十丈紅塵了，那經驗不能不侵入這過分單純的夢境。即使在這山麓的靜夜，聽簌簌雨聲，耳鼓中也隱隱有市聲。已是西曆四月，夜間仍寒氣襲人，真想不出「九子」要有怎樣的興致，才能欣賞「木介」之類的奇觀？

14

由彭士望的《易堂記》，我知道了易堂確有「堂」，而不只是一個名目。諸子所居即在此堂附近，是一帶錯落有致的建築群，與周圍的岡巒林木和諧一體。《易堂記》還說，「同堂惟彭中叔（按即彭任）居三，每期必赴」。除彭任外，其它八子當時都住在易堂附近。

關於易堂的初創，叔子《翠微峰記》講述得相當簡明：「歲甲申國變，予採山而隱，聞邑人彭氏因圮鑿磴、架閣道，於山之中闢平地作屋，其後諸子講《易》，蓋所謂『易堂』者也。予同伯兄、季弟大資其修鑿費，丙戌春，奉父母居之，因漸致遠近之賢者，先後附焉。」他另在《與桐城三方書》中，說為買山曾「破產二千餘石」。彭士望所記稍為具體，由其《易堂記》可知，當初魏氏父子是「合知戚累千金」，才向彭宦買下此山的。由此也可以知道那時的避地，非有相當的貲產則不能辦。城居固然不易，山居又何嘗容易！

諸子聚居翠微峰似乎並非同時。丙戌那年，彭士望、曾燦還直接間接地參與了贛州的抵抗。據陸麟書《彭躬巷先生傳》，彭氏挈家到寧都後，曾應楊廷麟召，協助處理軍政事務。曾燦則於贛州陷落後一度為僧，遊閩、浙、兩廣間，戊子始到易堂（參看叔子《哭吳秉季文》）。曾燦自己也說他「丙戌、丁亥之間，幾不免有殺身之禍，出亡在外，累及數年」（《答王山長》，《六松堂詩文集》卷 14），加盟易堂的時間自然遲於其餘諸子。而「九子」之為足數，也只是在不長的一段時間裏。由叔子的《季弟五十述》看，伯子丁亥就已經出而應世，這之前居翠微峰不過一年左右。以伯子為「九子」之一，大約因了其發起人的身分，事實上，對於翠微峰上的活動，伯子不像是有太多參與。

由《易堂記》看，諸子在山上的聚會，採用了其時「社會」的流行形式。有時如儒家之徒，聚坐講學，揖讓雍容，甚至「設鍾磬，歌詩，群習靜坐」；另一時又如文人的社集，詩酒唱和，流連花前月下。儘管僻處贛南，無緣親歷明末的「黨社運動」，卻也未在風氣之外。儘管以《易》名堂，與同一時期出現於東南的講經會，卻絕少相似之處，沒有多少「學問」色彩；仿傚理學之士通常所用形式，卻又不免於內容的混雜，熔經學研討、詩文批評以及基層社會以教化為目

的的宣講（內容為《六諭》等）於一爐。

關於易堂始基、諸子講會，以及其後的「山變」，林時益的敘事詩記述獨詳，可與彭氏《易堂記》互為印證。其中也寫到「朔望講《六諭》，《內則》咸下帷。聲歌節進止，此際咸雍熙」（《己亥二月十五日同彭躬巷陪黃介五陟峴峰……》，《朱中尉詩集》卷 1）。而無論講什麼，遺民趣味，卻是無疑的。林詩就有「看《鑒》疑正統，讀《易》傷明夷」云云。或許在諸子，講什麼本不重要，重要的是一班志同道合者聚居一處，朝夕講論，這本身就是令人興奮的經歷，非平世尋常交遊所能比擬。

我猜想，明中葉以降士人所熱中的「會講」，也以有關經驗的非常性質，而對參與者構成了吸引。如王畿（龍溪）主持的新安福田之會，「晝則大會於堂，夜則聯鋪會宿閣上」（《新安福田山房六邑會籍》，《王龍溪文集》卷 2）。空間距離的密邇，無疑有助於加深同志之感、彼此呼吸相通之感。在易堂諸子為生計所迫而分散居住之後，翠微峰的歲月成為一段美好的記憶，也應因了那情境的難以重現的吧。

儘管魏氏兄弟、曾燦之流興趣更在詞章，易堂確也曾讀《易》。在當時，讀《易》，即讀亂世，讀患難，讀患難中人的命運。王弘撰清初隱居華山，就曾築「讀《易》廬」。星子宋之盛也自說「讀《易》髻山」（《江人事序》，《髻山文鈔》卷下）。孫奇逢本人的《日譜》，記有孫氏己丑謀南遷，曾在蘇門（輝縣）與三無老人讀《易》於聞嘯樓——那應當已是易堂諸子翠微峰讀《易》意興闌珊的時候。

叔子在詩中說：「日月東西馳，靜對如讀《易》。」（《口占步友人歡白髮韻為壽》，《魏叔子詩集》卷 4）他的《論屯卦》一篇自記：「戊子、己丑之間，同諸子於翠微講《易》，人日一卦……」（《魏叔子文集》卷 22）這幾乎是可供想像諸子讀《易》情境的僅有記述。儘管據季子說，李騰蛟著有《周易剩言》，藏於家，易堂人物中，「邃

於《易》」的，或許只有邱維屏一人。

易堂中人更熱中的，還是與文字（詩文、尤其是「古文」）有關
的切磋、討論，於此所承，也仍然是晚明會社遺風。李騰蛟曾說諸子
「相值論詩文，彼此歡呼，有至雞鳴漏盡，驚動客寢，猶未已者」
（《書魏裕齋詩後》，《半廬文稿》卷 2）。刊刻行世的三魏等人文集，
幾乎每文均附了評論，且多出自同人，我所讀過的那一時期的文集
中，殊不多見。評語多屬褒揚，言之往往不免於過，據此可以想像諸
子間的相互激賞。這類評論，固然再現了磋商、討論的氛圍，卻也提
示了作者「作文章」、評論者以之為「文章」的態度。事實上，魏
禧、彭士望貢獻於當世的，的確也是文章而非事功。

15

那個時候，當著士人決定避地以至避世時，作為摹寫的藍本的，
除了上面提到過的田疇的故事，更有陶淵明的桃源故事。

金精山一帶有泉名「桃源」，彭任的《桃源記》，記的就是此泉。
叔子很樂意讓人們相信，諸子在翠微峰成功地複製了「桃源」。他的
《桃花源圖跋》說：「桐城方密之先生世亂後嘗僧服訪予翠微山。山
四面峭立，中開一坼，坼有洞如甕口，伸頭而登，凡百十餘丈，及其
頂，則樹竹十萬株，蔬圃、亭舍、雞犬、池閣如村落，山中人多著野
服草鞋相迎問，先生笑謂予曰：『即此何減桃花源也。』」（《魏叔子文
集》卷 12）他甚至沒有忘記提示那個甕口般的出口，無疑能令人聯
想到《桃花源記》中的「山有小口，彷彿若有光⋯⋯初極狹，才通
人。復行數十步，豁然開朗」云云；而「野服草鞋」，也應當是桃花
源中人的裝束。彭士望、魏禧毫不掩飾他們對於自己的這項創作的
得意。

　　但田疇的故事只能演出在那個割據紛爭的時代，憑藉了政權的非統一性。至於桃源故事，本是寓言，到了本書所寫這一時期，更沒有了複製的可能。不惟易堂諸子，其它明遺民搬演這一故事，都不能不作因時因地的修改。一個毋庸諱言的事實是，翠微峰上人是要納官稅的，叔子本人就曾在《苟全居銘為彭立齋作》一詩的序中提到。季子詩中也提到了「官租」（《九日黎生於鄭在山中同彭彥修及三兒俱有詠》，《魏季子文集》卷 5）。此外可以相信的是，魏氏在寧都，得到了地方當局的關照（參看季子《與丁觀察書》，同書卷 8）。三魏甚至自覺地借諸政治權力作為安全屏障。下面將要說到的伯子的出而應世，也正出於此種考慮，對此，魏氏兄弟說得很坦然。他們原是熱心用世的人，哪裏會真的以「世外」自欺！「桃源」雲雲，不過作詩，本不必當真。

　　兵戈猶在眼，也不容諸子忘世。由叔子的《擁被》一詩看，至少在諸子山居之初，四野亂兵，百里營火，翠微峰正如孤島，隨時在威脅中。你的確也會想到，這些人避亂，何以不避入深山更深處，而要如此地逼近殺戮之地。下面將要講到的「山變」，也證明了其地並不安全，隨時可能遭遇來自山下的騷擾——至少在大亂未平的一段時間裏。由此看來，最初的選擇翠微峰，動機確也值得玩味。看來只能說，諸子雖避地而並不避世，其中的魏氏兄弟甚至無意遠於亂世。

　　「易堂」雖則「九子」，隨同避地的卻另有其人。叔子曾寫到邱氏族人邱而康，居「如斗之室，床灶橫陳，敝席為門，風雨直入。兄因妹長，寄臥城頭；翁避媳炊，立餐簷下」，易堂中人曾發起募捐，以圖為邱氏「再營半室」（《為邱而康冠石造屋啟》，《魏叔子文集》卷20）——「桃源」中人，竟「赤貧」至此。彭士望說翠微山居「最不利」者有三，其三即「最不利貧，無人力貲財饋運，難一日居」（《易堂記》）。諸子山居，所食所用均賴山外運來，「諸傭保雜僕，日運薪

荷擔自城至」；待僮僕搬運的，「米穀」外尚有「竹木諸器用」，與桃
源中人的自耕自食何其不同。這樣的桃源，確也非邱而康這等人所宜
於居住。

僅僅摘取了諸子的片段文字，翠微峰上的「桃源中人」的確像是
「黃髮垂髫，並怡然自樂」。彭士望就曾寫到：「每佳辰月夕，初雪雨
晴，輒載酒哦詩，間歌古今人詩，辭旨清壯，慷慨泣浪浪下。或列坐
泉棧，眺遠山，新汲吹龠煮茗，谷風回薄，井水微漪。遇飛英墜葉繽
紛浮水際，時一叫絕，幾不知石外今是何世。」（《易堂記》）只要想
到諸子多在貧窶中，就會覺得他們的上述行為，更像是在模仿時式。
由年譜看，孫奇逢及其徒也曾於「築險肄戰之暇，神閒氣整，倡和為
詩歌」（《掃盟餘話序》)，在我看來，不過文人故態而已。當然也證明
了這些避亂者的生活確有餘裕。

縱然如此，也仍不妨認為，孫奇逢與易堂諸子創作了其時成功的
「避地」故事，只不過經了上述改寫，蛻變成了與田疇故事、桃源故
事不同的故事而已。正是那些處的改寫，使得「易堂九子」式的「避
地」成為可能。你由此又察知了魏氏兄弟性情中的「現實主義」；這
品性即使在最詩意的創作中，也呈現了出來。不妨認為，易堂為遺民
與現（清）政權的複雜關係，提供了一個標本。

李騰蛟有一方石印，印文為「方寸桃源」，說「凡世之治亂，生
於人心」（《桃源說》，《半廬文稿》卷 1）。叔子也說「善避亂者，不
於桃源，在方寸之地」（《太平縣王君暨繼室張孺人墓誌銘》，《魏叔子
文集》卷 18）。這樣看來，「桃源」更是一種心理狀態。

當明清之際，遺民所能保有的，也只是「方寸桃源」的吧。

16

　　翠微峰也的確不是安全島。據邱維屏說，順治七年（庚寅）那年
正月，即易堂諸人隱居翠微三四年之後，還有縣裏的「亂民」挾刃來
索取財物（《天民傳》）。孫奇逢及其徒眾在雙峰有過「守禦」，甚至
「鏖戰」（參看《孫夏峰先生年譜》）。翠微峰則於順治九年（壬辰），
發生了所謂的「山變」（亦作「山難」）。

　　「山變」係由舊時「山主」彭宦發難。據近人所修《翠微峰
志》，「翠微峰原係彭姓族山。順治二年（1645）冬，宦將山賣給魏兆
鳳（魏禧父）家居」（第 142 頁）。關於大清官兵剿滅「山賊」，彭士
望、魏叔子均語焉不詳。「山變」後魏氏兄弟對於此山權利的恢復，
即應借助了當局的軍事干預。值得注意的是，季子曾一再說到田疇借
魏兵除「田賊」的故事，或許有助於推想魏氏兄弟處置類似事件時可
能的態度。

　　易代之際對於縉紳的直接威脅，通常就來之於當地的「亂民」，
而我們卻只能透過縉紳的記述，經由他們的感受，來看其時在動盪中
的、參與了動盪的「民」。那一時期士大夫在清兵、「義軍」、「亂民」
間處境之複雜，僅憑了忠義遺民傳狀，是不可能確知的。「亂民」，換
一個角度，即「義民」，以至後世史家那裏的「起義農民」。《翠微峰
志》就稱此「山變」為「農民起義軍攻佔翠微峰之役」（第 5 頁）。

　　「山變」發生時，諸子不免蒙受了財產損失，並被迫避去。魏氏
一度客居雩都（今於都）。至於「山變」後的易堂狀況，諸子的說法
卻頗有出入。叔子說，「明年，伯子歸自廣，卒復之，諸子之散處者
咸集」（《翠微峰記》）；季子卻說「自故山變後，饑驅離析，歲不四五
聚首」（《同堂祭彭躬巷友兄文》，《魏季子文集》卷 16）。彭士望《易
堂記》的說法與季子一致，說經此變故，雖魏伯子率其二弟再居易堂

並招諸子，而「諸子既久隱窮約，被山難，貧益甚，散處謀衣食」，「僅時一過從」。還說：「自乙酉迄今庚子，十六年，多難，山城路數通塞，不時聚散，壬辰後遂散，不復聚。惟戊、己間聚最久……」看來「山變」或曰「山難」，的確是易堂歷史的轉捩點。情況也可能是，令諸子聚居的動機已漸漸失效，「山難」不過為醞釀中的解體提供了一個時機而已。由丙戌諸子翠微峰「讀《易》」，到此已有大約六年，易堂維持的時間並不能算短暫。

避亂原是戰時行為，待到環境漸趨平靜，回覆常態是自然的事。陳瑚移居蔚村，在順治四年秋，三年後也就離去。南串的程山與易堂的情況相似，據叔子說，曾同聚於程山的「五君子」，後來也因「離亂」而「散處」，「相去或數十百里，歲時不二三相見」（《贈程山五君子五十序》，《魏叔子文集》卷 11）。於此也可考察易代之際士人聚散之跡。三魏之父魏兆鳳畢竟老於世故，他早就說過：「人於聚順之下，不可不存孤孽之心。」（《魏徵君雜錄》，《寧都三魏文集》）

毋寧說，「山變」導致了易堂在事實上的解體，同時開啟了其象徵化的時期。

那一時期，有遺民以非官方身分參與故明國史的撰寫，或從事私家著述，無非在建構記憶，關於故國的、關於他們參與其間的當代史的記憶。在易堂魏禧、彭士望，這過程幾乎是同步的——他們演出自己的歷史，同時試圖用了書寫肯定它。敘事行為直接參與了對於人生意境的營造。他們在用述說構造歷史時是如此熱誠，以至自我想像與當下此刻的行為難以區分。令我感興趣的，更是彭士望、魏禧有關易堂的敘述態度，他們那種經由記述為歷史留一份見證的自覺。我甚至猜想諸子對避居地的著意經營，也為了擁有一方詩意空間，以便那段友情的展開。在這意義上，那些廬舍亭閣以至泉石花木，無不參與構成著劇情的有機部分。

　　你由其時士人的文字，往往能讀出關於他們「在歷史中」的自覺。或許應當說，所謂「易堂」，更存在於魏、彭的敘述中，在他們不斷的回憶中，通體塗染的，是這兩個人激情的色彩。

　　就「九子」的文字看，他們中最有群體自覺的，的確也是魏、彭。魏禧《裏言》錄李騰蛟語，說「叔子於易堂，猶桶之有箍」。在這兩個人，易堂存在時間的久暫已無關緊要，那段生活對於他們的意義，已非時間所能度量。至於對於「群」的依賴，固然與有明一代的「黨社運動」有關，也應出於板蕩之際士人關於自身軟弱的意識。叔子、彭士望始終不忘易堂結盟的初衷，以對易堂的不斷回溯，示人以不改志，不背棄。在那些深情的敘述中，易堂已不僅是一個群體的符號，那是九個男子共度的一段歲月，是一種完整的生存情境。經由談論易堂，他們自我認同、彼此確認，關於易堂的追憶，提示的是相互間的承諾、期許，彼此的精神呼應。

　　我卻不免想到，叔子那種「桶箍」般對於群體的擁抱，是否也令他的同伴感到了不適？

　　叔子、彭任曾經談論「有我」、「無我」，口吻很像道學之士（參看《魏叔子日錄・裏言》），季子論「我」，卻別有旨趣；名其廬「吾廬」，也別有意味。

　　諸子即使親如兄弟，仍各有其「吾」。不如說易堂提供了在群體中各自保有性情的例子。季子之子魏世傚的書劄就說，雖然九先生「共有其真誠」，卻性情不一，彭士望的「氣概」、林時益的「和雅」、曾燦的「無緣飾」、邱維屏的「通而介」、伯子的「快直」、叔子的「寬裕」、彭任的「恬淡」、季子的「剛毅」，「各有其所獨至」（《答彭汝誠書》，《魏昭士文集》卷2）。這也是後輩眼中的「九子」。

　　易堂本是一個關係疏密不等、甚至志趣不盡一致的群體。其組成

除了世亂這一外緣，作為基礎的，毋寧說更是對於彼此人格的信賴。
因而雖一「堂」中人，未必即是同道。由彭任的《草堂文集》，幾乎
看不出與魏氏兄弟、彭士望等人的精神聯繫，倒是不難感知他與程山
謝文遊等的呼應。季子說《易》「同人」一卦，「聖人所以垂象設辭，
乃在於不苟同。然則不苟同者，能不同，乃能大同」（《答山西侯君
書》，《魏季子文集》卷 8），或也可以用來作易堂注腳的？

「九子」與易堂的關係，確也有深淺的不同。

曾燦是「九子」中較為遊離的角色。燦交遊廣闊，其人的遊離也
應因了那「廣闊」。在易堂中，曾燦似乎從來不是主要角色，對此
「堂」的態度也不像有多麼積極。曾燦珍重與叔子的友情，卻並不即
以易堂為性命。

李騰蛟、彭任面目中庸，是任一群體都可能有的老成持重的人
物，難得出現在前臺，以其穩定而沉默，構成了群體的基本成份，令
「中心人物」得以突顯的襯景、底色。在遺留至今的文字中，他們眉
眼模糊，卻正因了沒有過於強烈的性情，成就了群體的性情。

無論曾燦，還是李騰蛟、彭任，對於那個短暫的會聚，都未必如
魏氏兄弟、彭士望那樣耿耿不忘，直欲什襲而收藏之，使永不磨蝕。
那不過是他們的生涯中的一段插曲，固然溫馨，生活中卻有更實際的
事務需要應付。

寫在本書中的人物，確有可能因了易堂而為時人所知，但他們像
是並不因此而仰賴這一名目，以為自己的存在要賴有這名目才便於陳
述，也不存有借諸他人而自我擴張的俗念。易堂只是他們經歷過的一
個事件，並非他們個人歷史的起點或終點，也未必具有關鍵意義。毋
寧說易堂因魏禧、彭士望的熱情，也因李騰蛟、彭任等人的淡定，而
成其為易堂。

我由此想到，明中葉以降的「黨社運動」中，處於同一「社會」

者，與那「社會」的關係，可以是無窮多樣的，而「黨社」的名目卻將這諸多差異抹殺了。

17

易堂禁約之細（見彭士望《易堂記》）』，與雙峰（孫奇逢）的簡約，適成對比。由文字看，那的確是一個設計嚴整的小社會。由此也可以想見，雖係避亂，屬「戰時體制」，卻決不草率。諸子一開始就有長久居住的打算。終於散居，自然有不得已的理由。

「山變」後，諸子仍在金精十二峰一帶，只是散居在了三處山中，翠微峰外，即三巘峰（按諸子文集中「巘」亦作「峴」）與稍遠的冠石。

上面已經提到，彭任先已住在三嗽峰，名其居「一草亭」。後來遷入的，是李騰蛟。據說曾燦、彭士望也曾在此暫住。李騰蛟所居曰「半廬」。《寧都直隸州志》卷 5《山川志・寧都州》錄彭士望金精聯曰：「石嶂古曾開，仙府樓臺蒼壁上；雨簾晴不卷，人家雞犬白雲中」，描寫的就是三巘峰。林時益則遷往冠石。彭士望一度在青草湖「依桂樹為廬居之」，有所謂的「樹廬」，後又遷至冠石（《恥躬堂文鈔・自序》）。我猜想魏氏兄弟外，其它諸子的遷離翠微峰，或也因其「陡絕」。此峰既易守難攻，也就上下為難。彭氏《易堂記》就寫到僮僕失足、醉墜者，前後竟至有數人。

魏氏兄弟留在了翠微峰上。「三魏」中，伯子不過係縛於此，他自己就說過，「雖有翠微峰，如徐福蓬萊，至輒船風引去」（《答方大師》，《魏伯子文集》卷 2）。他本不屬於這一片石。

季子說：「翠微西登岡，遂對三巘峰。最上李子廬，開門向天東。」（《李咸齋五十有一》，《魏季子文集》卷 2）叔子也有《勺庭晨

起望三巘聞雞犬聲卻寄彭中叔》一詩。似乎由翠微峰可聞三巘的雞犬
之聲，而李氏的房舍也俯視可見。據《易堂記》，其時三巘「居者數
百人」，與翠微峰之間「可呼語」。丁巳哭祭伯子父子的時候，邱維屏
還回憶起諸子於峰頂「相望而呼答」的情景（《眾祭魏善伯父子文》，
《邱邦士文鈔》卷 2）。「同聲相應，同氣相求」，那實在是一種美好
的感覺。

即使兩山如此近逼，叔子猶恨其間無「雲棧」相連（《李少賤自
讄中見問口占代柬》，《魏叔子詩集》卷 7。按李少賤即李騰蛟），曾
對了疏雨殘荷，以詩代柬，與三巘的友人互致問候；或於清秋斫了蕉
葉，題了詩贈給友人（卷 6《山居日斫大蕉一葉代紙偶書貽危習
生》）。伯子也會用了小簡招那邊山上的友人來聚，說「秋山如水，秋
日如月。言念君子，云胡不來」（《柬咸齋中叔》，《魏伯子文集》卷
2）。叔子曾過三巘峰與彭任夜談，直至月落燭跋（《彭中叔四十有一
詩以贈之》，《魏叔子詩集》卷 4）。山中風大，已酉正月，叔子在三
巘峰見到由西北歸來的曾畹時，正有「壑風千尺，倒土吹牆屋，洶洶
有聲」（《曾庭聞文集序》）。我記起了 90 年代初，住在一處瀕海的山
間，夜間大風在溝壑中沖蕩，轟然撞擊樓牆如擂石。

午後，冒雨登三巘峰，我一手撐傘，一手持了竹杖。山體沒有植
被處，或因了雨水的侵蝕，色如塗漆。煙雨迷蒙。我與同伴向對面的
翠微峰呼喊，不大相信能將聲音送到那裏。這峰頂也有人跡，如水
池、殘存的牆體。但你仍然什麼也不可能確認，除非你知道「九子」
之外、之後，無人在此居住，也不曾有過 40 年代末的戰事。我本來
就無意確認什麼。能確認的或許只是，我到過了諸子曾經生活的山，
在一個雨線不斷的春日裏。

行走在山間，偶而有赤足的農夫打身邊走過。道上有新鮮的牛
糞，有的田塊還插了疏籬，但耕種者已住在了山外。這雨中的山太過

岑寂。諸子當時，這一帶山想必不那麼寂寞，或許竟隨處可聞人語？

魏氏兄弟中，季子居翠微峰最久。彭士望《易堂記》後，有他本人壬戌春的附記，其中寫到「吾廬」築於丙午（康熙五年），那時季子遠遊南海西秦始歸。「自丁巳、庚申，伯、叔踵逝，石閣、勺庭，俱虛無人，諸子各散處久，不復居易堂，惟和公（即季子）獨身率妻子，居吾廬十七年，從未他徙，長兒子且抱二孫，所藝植日益蕃，居室益增，極翠微一時之盛。」我由此看到的，是季子的山民式的頑強。遠遊之後，修建廬舍於峰頂，想到終老於此，應當出自淡定的心境的吧——與當年聚居時的心情想必有了一點不同。叔子說，他的弟弟性情剛烈，不免於「褊」。而要守住這一方寂寞，必要有一點「剛」與「褊」的吧。

也如叔子對他的「勺庭」，季子修築其「吾廬」，殊不草草，甚至不惜「舉債而飾之」，決不止於取蔽風雨。也正因了不苟且，才能堅守。季子山中的堅守，多少可以看做守護易堂之為象徵——那確也被他作為了後死者的道義責任。

季子的兩個兒子續有興作，而且像是由父輩那裏，承襲了對於室廬園林的創造才能，且所建房舍不厭其高。「吾廬」已高於「勺庭」，其後所建的「享堂」、「惝臨軒」，似更高於「吾廬」。季子父子的氣概於此可以感知。即使在季子晚年城居之後，他的兩個兒子世傲、世儼仍住在山上，世儼還買下了曾氏故居，加以改建（《虛受齋記》、《惝臨軒記》，《魏敬士文集》卷 4）。《翠微峰志》也記有魏世傲 47 歲時（庚辰），在翠微峰頂新建「地山草堂」，住了較長時間（第 143 頁）。其時「九子」中惟彭任尚在，寫了《書地山草堂唱和詩後》（《草亭文集》）。易堂一脈，就這樣在魏氏後人那裏延續著。

世傲說他父親年六十四，「以登陟為勞，緝城中屋居之，榜曰『瓶齋』，非樂夫市廛也」（《享堂記》，《魏昭士文集》卷 6）。城居的

季子仍不時還山，往來於城中山上，甚至說自己「卻悔移家去住城」
（《還山閱吳子政新詩因賦贈》，《魏季子文集》卷 5）。至於魏氏後人
究竟於何時放棄了翠微這一片石，就不得而知了。

18

　　彭士望刻畫易堂形象，說：「易堂之人粗識理義，讀書、為古文
辭，好嘐謬談經濟，篤嗜人才，出於至性，而操行多疵病，廢半途，
不能堅忍嗜欲，獨不敢作偽自覆匿。」（《復孔正叔書》，《樹廬文鈔》
卷 2）後人眼中的易堂，也大略如是。季子之子魏世傲就對同儕說：
「九先生之所同者心，而不同者其行事。同其心者，真與誠而已
矣。」（《答彭汝誠書》）

　　魏氏叔、季與彭士望說易堂，首標一「真」字。

　　季子《吳瓶庵贈言序》（《魏季子文集》卷 7）一篇後彭士望的評
語，說「真氣」二字，「此吾易堂立言之旨也」。季子也說：「人之有
真氣者乃有奇氣。」（《鄒幼圃來翠微峰記》，《魏季子文集》卷 12）
叔子的說法是，「天下之害由於人無真氣，柱朽棟橈而大廈傾焉」
（《徐禎起詩序》，《魏叔子文集》卷 9），不免誇張，卻也未必不真的
這樣認為。這裏所謂的「真」，無非指真誠，真率，真摯。人們當時
所知道的「易堂」，的確也光明洞達，真氣洋溢。

　　這「真」與公安三袁的「性靈」、「性情」說，至少間接有關，儘
管叔子對士人的濫說「性情」正不以為然。在他看來，自「性情」之
說流行，無不以性情為言，「故自天下好為真性情之詩，而性情愈
隱，詩之道或幾乎亡矣」（同上）。

　　易堂所謂「真」，自然非即天真。魏氏兄弟尤其不以「天真」自
詡，他們甚至不諱言「機謀」，自居於智謀之士。在我看來，諸子的

可愛，是在未必不通世故，卻仍保有了某種率真；既少有道學中人的矯情或不情，又不像通常文士、名士以通脫為標榜──他們確也令時人感到了一派清新。最為易堂中人得意的，是方以智的如下評語，即「易堂真氣，天下罕二」（季子《先叔兄紀略》）。

朱子曾以燈籠取喻，說內多一條骨子，外便減一路光明，易堂中人一再引用，只是不免於斷章取義。但這譬喻著實精妙。

那個時期好用這一「真」字的，頗不乏人。方以智說「真實」，曰：「發真實心，行真實行，方肯真實。參真實參，方有真實；疑真實疑，方有真實；悟真實悟，始信悟同未悟，始知真實踐履。」（《墨歷崖警示》，《冬灰錄》卷首）《方以智年譜》係此篇於順治十五年（戊戌），即方氏訪翠微峰的前一年。

寧化李世熊，自說其「痛憤是真痛憤，慚愧是真慚愧，愛敬是真愛敬，涕淚是真涕淚」（語見季子《李君元仲墓誌銘》，《魏季子文集》卷 14）。顏元甚至也用了「真氣」二字，說「宇宙真氣即宇宙生氣」（《習齋記餘》卷 1《烈香集序》，《顏元集》第 409 頁）。此「真」正自難得，值得如此強調。

孫奇逢的友人孫承宗、鹿善繼等人，也標一「真」字。鹿善繼著有《認真草》，為孫承宗所題名，以為得了鹿氏精神。孫承宗是在別於「贋」的意義上，稱許鹿善繼的「真」的，且 p「真材」，「真品」，「真心」，「真肝膽」（孫氏《題鹿伯順十五種認真草》）。鹿善繼本人也好說「真實」，如曰「真實心」，「真實心腸」等等（《定興縣籽粒折徵記》，《認真草》卷 3）。由我看來，鹿善繼的「真」，兼以「剛大」，更有北方氣象。均為「志士」，北方孫奇逢、鹿善繼厚重內斂，易堂彭、魏則激情噴湧，都有所謂的「真性情」。

儘管我們早已被告知，到本書所寫的這一時期，傳統社會已近晚期，我的閱讀經驗卻告訴我，其時士人的心性並未因此而衰老。我倒

是常能由明人、明清之際的士人那裏，讀出某種青春氣象，覺得那些人物的熱情近乎天真。即如易堂的那種「真氣」，豈非出諸年輕的心靈？

19

　　滿耳雨聲。四周的山黑魆魆的。若是在三百年前，附近的翠微峰頭，會有一兩星燈火，明滅在枝縫葉隙間。那燈下或許有魏氏兄弟在縱談，也可能是彭士望、叔子在爭辯，以至聲震林木。叔子本長於談論，「論事每縱橫雄傑，倒注不窮」（季子《先叔兄紀略》）。說到興奮處，即使「委頓枕席」，也會推枕而起，「投袂奮步於室中，疾聲大言」，使「聞者驚為詬厲」（《塗宜振史論序》，《魏叔子文集》卷8）。

　　上文已提到了九子的和而不同，用了邱維屏的說法，即「大義攸同，志各趨舍」（《祭李少賤文》）——惟此也才有氣象的闊大。關於異同，叔子的說法是：「朋友之義，相濟以異，而相成以同。」（《京口二家文選序》，《魏叔子文集》卷8）彭士望視時文若仇，邱維屏則稱道制藝自若。至於曾燦以及下面將要講到的林時益，更是寧得罪友朋，也不改面目，不放棄自己的人生選擇。一定要這樣，才是所謂的「性情中人」的吧。

　　更足以示人以「易堂真氣」的，毋寧說是那種繫於時尚而又自具特色的諸子間的相互砥礪。

　　倘若有人於三百年前，隱隱聽得峰頂人聲喧嘩，有宿鳥在月明之夜驚飛，那或許就是易堂諸子在相互攻謫。彭士望《易堂記》說，諸子「方初聚時，俱少年朗銳，輕視世務，或抗論古今、規過失，往復達曙，少亦至夜分，不服輒動色庭詬，聲震厲，僮僕睡驚起；頃即歡

然笑語，胸中無毫髮芥蒂」。他們或許就這樣談論、爭辯著，燈燭熒熒然達旦。

　　無論彭士望還是叔子，一再強調的，都是諸子間「無毫髮芥蒂」。即如叔子說他與彭氏「山居爭論古今事，及督身所過失，往往動色厲聲張目，至流涕不止，退而作書數千言相攻讁。兩人者或立相受過，或數日旬日意始平，初未嘗略有所芥蒂」（《彭躬菴七十序》）。彭氏在另外的場合也說到，「諸子中亦時意氣互激，忿詈出惡聲，或號哭欲絕交，轉盼輒銷亡，胸中無毛髮底滯」（《魏興士文序》，《樹廬文鈔》卷 6）。他們更希望人們相信的是，這些血性男子間的衝撞，即使撞到了火星四濺，彼此傷痕累累，也無損於心性的磊落光明。

　　如彭士望、叔子所描述的「攻讁」，幾乎可以視為「易堂作風」，其嚴肅性決不在儒者的修省之下。那本是一個儒者式的道德修煉成為時尚的時期，這修煉中包括了自考與互規。其時流行一種「功過格」，鼓勵士人將自己的善舉與過失記錄在案且加以換算，以便積纍功德，邀致神寵。易堂中人也正在風氣之中。只不過就我所見到的，如易堂中人那樣，將自考尤其互規進行到如此激烈的，仍然罕有。叔子自說與他的朋友間，「苦言相箴規，攻讁比仇敵」（《夢故人》，《魏叔子詩集》卷 4）。看季子書劄，確也是每到規人之過，即精神百倍，勃勃有生氣。諸子、甚至諸子之子的文集中，氣勢最充沛的，確也是這等文字，無不攻勢凌厲，言辭激切。看起來的確是，面折書諍，諍者能盡言，被諍者能受盡言，氣象無不正大。這群心理強健的男子，或許正由這一次次的激情衝撞，而獲致了快感，以至彭士望到了晚年，還懷念著那一種撞擊。

　　諸子不屑於為迂儒式的修行，卻嚴於互規，於此也分明見出了群體自覺。只是易堂中人致力於道德人格的完善——既是倫理意義上的，又是審美意義上的，並不像儒家之徒那樣，將目標明確地設定在

「憂入聖域」上；也沒有跡象證明他們曾在「九容」一類項目上彼此糾察：那種迂儒式的修省不免要梏亡生機，而如彭士望、魏氏兄弟，本是活力四溢的人。

在這種場合，諸子的神情也仍然有不同。叔子就說過，「吾徒愛氣矜，正色敢犯難」，惟有李騰蛟與邱維屏不然，邱如「千頃波」，李則如「春日旦」（《李子力負五十初度……》，《魏叔子詩集》卷 3），將這兩個朋友比之於黃憲（叔度）、陳寔（即陳太邱。關於黃、陳，參看《世說新語》)。《丘邦士先生文集》楊龍泉序也說當諸子相互攻訐時，邱氏「獨靜默若未嘗身與其間」。但據叔子說，邱氏曾因關於時文見解的不同而與他爭論，「至座中人皆罷酒，聲震山谷，鼾睡者悉驚寤，不為止」（《邱維屏傳》）。沉靜木訥的，或更有認死理、咬定了不鬆口的堅韌。因而那山中爭執不下的，未見得定是彭士望、魏叔子。性相遠，習相近，你可以想像，至少在易堂盛時，那「堂」中常常是熱烈的，喧囂的。

叔子、彭士望以鼓舞、激勵儕輩為道德義務、道義責任，披肝瀝膽，激情至老不衰。叔子與陳恭尹，未有一面，不過是所謂的「神交」，卻也無妨於叔子以諍友自任（參看《答陳元孝》，《魏叔子文集》卷 7）。他說，「朋友有過，吾苟聞之，如負芒刺於背，如人罵已姓名，夜有所得，則汲汲然不能待諸旦」（《裏言》）。彭士望不滿於程山謝文遊的「微有壇坫習氣」，竟直截了當地說：「世界公共，性體渾同，聖賢闊大，切莫認作一家一門私貨。」（《與甘健齋書》，《樹廬文鈔》卷 1。按甘健齋即甘京）——在叔子、彭氏，確也出於性情的「肫切」、「懇篤」，亦所謂「不容已」。聖人說過，友直，友諒，友多聞。人生在世，「益友」、「畏友」、直諒之友，何嘗易得！

如此嚴肅的道義之交，未必隨時可見於現代社會的吧。值得憑弔的，倒不如說是這種古老的詩意。錢穆曾說到過宋人嚴肅，明人何嘗

不嚴肅！明儒中很有幾位，幾乎將這種嚴肅推向了極致。嚴肅而至於不情的，也大有人在。我這裏要說的是，那些被目為文，人、名士者，也自有其嚴肅，即如易堂諸子間的友情。這種嚴肅，無疑與其時的理學氛圍以極複雜的方式聯繫著。修身之學當其時確非道學的專利；換一個角度，也應當可證儒學理念、價值觀對於士林的廣被。這一種嚴肅風味，往往被樂道晚明士風者所忽略。晚明文人何嘗一味通脫飄逸、瀟灑出塵！

20

易堂氣象的正大不止表現在攻他人之過。

叔子去世後，彭士望提到一件舊事：邱維屏曾認為叔子「飾非拒諫」，以書劄相規勸，言辭激切，「叔子乃刊佈其書聞天下」（《祭魏叔子文》，《樹廬文鈔》卷 9）。邱氏的那封信收在了魏叔子的文集卷 5 中（另見《丘邦士先生文集》卷 5），的確毫不容情，對他的這個內弟，幾於剝皮論骨。

伯子曾批評他人「雖曰『自訟』，正如名士言疏懶、言癖、言不合時宜，歉悒之間，翻寓自得」（《答人》，《魏伯子文集》卷 2）。「悔過」也可能並非出之以誠。叔子也有類似的發現，即「文過者，掩失匿非，此粗跡耳。文過之精，有人所未知而自表暴悔艾以文之者」（《裏言》）。叔子在這種地方，總能洞見情偽。由此可以知道，聚在翠微峰上的，不但是幾個相互能直言的人，而且是能洞見他人肺腑的人，相互規勸起來，那情景就非尋常可比。要由邱維屏致叔子書，才能知道那是一種怎樣的批評。直言固然需要勇氣，而能承受這樣的直言，也要有相當的胸懷、氣量的吧。

叔子不從事儒者式的修煉，省過之嚴苛卻未見得不若，不但行

為、甚至念頭都在檢點之列。他的「自訟」，包括了自訟其好色，態度之坦白，有決非尋常道學所能者。他說自己「生平未蹈邪淫事，而邪淫念觸地而發」，「每能鑿空作淫想」（《述夢》），說得一派天真，只是自責中未必沒有自喜。他在詩中也懺悔了自己的「多欲」，「鑿空結妄想，能使冶容出」（《南豐曾法南六十初度覽其族子若頤紀事惕然有賦》，《魏叔子詩集》卷 4）。不過「鑿空」「妄想」而已，竟也令叔子慚惶無地。你卻也由此知曉了叔子關於女色的想像力——那正應當為一個正常且性情活躍的男性所固有。

彭士望、魏叔子都自負「直道」，又都能忍受對方的「直」。或許應當說，「直」並不難，難在使他人能「直於己」。

也如邱維屏的「書諍」叔子，彭士望曾致書伯子之子世傑，對其父頗有批評，說伯子遊幕後「養尊處優」，與人交而「習軟滑」，「道義久交中，求如二十年前爭執詬詈涕泣時，了不可得」（《與魏興士手簡》，《樹廬文鈔》卷 4）。據書剳後他本人的附記，伯子得此書簡，就「手自圈點」，黏置座右。

直到伯子死難三年後，彭氏才偶然得見，淚潸然為之下。曾燦不過少叔子一歲，叔子對於他，卻「如嚴師之於童子」。季子父子斥責曾燦的書剳，雖刊刻時隱去了其名，但辭氣之峻厲，非常人所能堪（魏世儼《祭妻弟曾嘉初文》，《魏敬士文集》卷 6。按季子文集卷 8《與友人書》，應即致曾燦者）。曾燦在客中記起友人的斥責，說他並不缺少意氣之交，卻沒有了叔子那樣能施以「繩糾」的朋友（《錢塘江夢魏凝叔二首》，《六松堂詩文集》卷 2）。

沒有「能受盡言」的叔子，就不會有他的那些「言無不盡」的朋友，不會有邱維屏那種入木三分、毫不容情的批評。至於叔子的「直」，不消說又為易堂同人所助成。或也正因有了彭士望、邱維屏這樣的畏友、諍友，叔子也才會少一點領袖群倫的自信、自負，多一點平易與清醒的？

上文已經說到易堂中人的切磋文字。叔子對遠方的友人說，易堂中「雖文章小道有所失，必力相攻治，如嚴師之訓其弟子，下至子姪門人，動色相諍」（《答陳元孝》，《魏叔子文集》卷7）。文人或不難有此諍，諍之後從善如流、即行刪改的，才更出自「易堂作風」。我所讀「三魏」及其子弟的文集，刊削後的空白隨處可見，堪稱一絕。

易堂諸子的修省，不但無時無地，而且借諸多種形式進行，將這種活動日常化了。即如曾燦所說，諸子的取名某齋，往往有「借諸齋堂之名而以寓其損過益不及之意」（《果齋說》，《六松堂詩文集》卷13）。叔子號裕齋，據說就是為了「自進於寬裕」（季子《先叔兄紀略》）。邱維屏則為「治其氣質之惡」，名其所居曰「慢廡」（《敏齋說》，《丘邦士先生文集》卷3）。其他如林時益號「確齋」，也無非此類。

你不妨承認，那個時代的士人對於道德生活的嚴肅性的不倦追求，的確有其動人之處。

21

在進德修省中，易堂內部關係的「平等」，也與某些理學會社相彷彿。據叔子的《先伯兄墓誌銘》，伯子「嚴於疾惡，觸其性，若雷霆之發不可禦；然每能自屈於理，理勝者，雖子弟之言，必俯首而伏」（《魏叔子文集》卷18）。道之所在，即師之所在。士人於此體驗了別一種價值尺度，「道」的、「學」的價值尺度。但如易堂那樣鼓勵卑、幼者匡正尊、長者，未必為儒家之徒所能——或也有違於他們的理念。

易堂中的相互砥礪，甚至在師弟子之間。叔子相信「人生有定質，無定位」（《寄廬說》，《魏叔子文集》卷15）。他希望弟子「能正色直言，匡我不逮，吾亦有所嚴憚，以自束其身」（同書卷14《告李

作謀墓文》）。李騰蛟也鼓勵門生弟子糾自己之「過」，甚至致書他的
門人，說「肋下三拳，時常來築，僕斷不護痛矣」（《答南昌門人胡心
仲》）——與其說因了度量，不如說基於實施「修省」的真誠，基於
某種徹底性。李氏在自己主持的學館設了「彰糾錄」，令弟子書善書
過，「過格書上，善格書下」。這裏「書」被認為重要動作。李氏將這
一種書寫，比之於《春秋》，能令人「凜凜」而生畏（《彰糾錄序》，
《半廬文稿》卷1）。

本來就不同於其時南豐的「程山」，「易堂九子」無論長幼，皆為
兄弟交，有倫理關係上的平等；而兄弟如「三魏」，也無論長幼，互
為「畏友」。這也像是一種特色。易堂中人對此想必很自覺，叔子就
一再說到。程山謝文遊門下，封溶、甘京、黃熙等人年相若，與其師
謝氏的年齡也相去不遠（三人中年長的封氏，不過少謝氏五歲），卻
對其師執禮甚恭，與那些年少的弟子旅進旅退，行禮如儀：氣象不消
說不同於易堂。叔子說他「與程山師弟並為昆弟交」（《封禹成五十壽
序》，《魏叔子文集》卷11），也即以易堂的作風與程山交往。

易堂中的修省活動，幾乎動員了在此聚居的所有人員。甚至叔子
之婦也參與了規過。叔子記有他的內人對他說：「汝做一件好事，便
喜動辭色，何淺也。」叔子則認為人在妻子婢僕前最無忌憚，「能於
此隨事受規，亦能補朋友所不及」（《裏言》）。如此看來，修省確也算
得易堂的一項「共同事業」。

只是上面那一種「易堂作風」也自有弊。叔子就曾對李騰蛟說：
「吾堂之病，一在議論過高，一在意見互立。」（《復李咸齋書》，《魏
叔子文集》卷5）說得很中肯。

「相砥」以內部的緊張，強化了群體感、相依存感，卻不能不以
擠壓個人空間為代價。叔子期待於易堂同人的，「首在洞然見其胸臆」
（同上）。交友而要求彼此洞見肺腑胸臆，在現代人看來，未見得明

智的吧，或許徒然增添了人生的苦痛。彭士望自說其諍友人，不難「剜心瀝髓，竭盡言之」（《與甘健齋書》，《樹廬文鈔》卷 1）。病或許正在「竭盡」。

在叔子的敘述中，他與彭士望的友情是完滿無缺的，每日「易堂畏友，吾以躬菴為第一」（《彭躬菴七十序》），彭氏卻有缺憾之感。壬戌二月，彭氏在給季子之子的手簡中，敘說了發生於至交中的往事，一再歎息著：「冠石、易堂，豈易有今日哉！」（《與魏昭士手簡》）叔子故去不過一年多，這書劄毋寧說是向著冥冥中叔子的訴說。直到此時才來講述那些關於破裂的舊事，重新檢視那些個傷疤、瘢痕——友情中相互傷害的記錄，令人感到的，毋寧說是彭氏的隱忍。由此看來，彭氏此前不斷地重申誓約，談論友情，不惜用了過甚的形容，或也為了對於痛苦的逃避？

珍重友情，也可能將標準懸得過高，以至近於不情。叔子說「氣誼所結，自有一段貫金石、射日月、齊生死、誠一專精不可磨滅之處」（《復六松書》，《魏叔子文集》卷 5），即以此為理由，不肯以「死友」許曾燦。凡此，都不免將五倫中「朋友」一倫的意義，無限地放大了。叔子所謂的「氣誼」，超絕時空、生死，包含了準宗教性的狂熱。古人所謂「至性」、「至情」，是否往往也如叔子這樣，因「一腔熱血」無可傾倒，即在世俗倫理上過用了激情？凡「至」，總令人覺得有一點危險。當然，非凡的人物，確也要賴此「至」，才能生成。

叔子本人也明白「直言無忌諱」的代價（《復邱邦士書》）。他比李騰蛟之言於「參苓」，自比其言為「汗下之劑」，以為可以相互配合，互為補充。另一時，在委婉地規勸伯子時，他又說：「汗下所以已疾，而過用之，亦多至於益疾」（《四此堂摘鈔敘》，《魏叔子文集》卷 8）。他序《謹言箴》，說到言語之禍，「同於刑殺」（《魏叔子詩集》

卷2）。未必僅僅出於畏禍，也應當出自對於言的殺傷力的認識。

相互砥礪而至於如此兇猛、狂暴，與王夫之所批評的「氣矜」、「氣激」，未見得沒有關係。彼此期許過高，責善即不免太嚴。「相砥」本為了向善，也可能中途目標暗移，「砥」成了目標本身。據季子說，叔子的性情本不激烈，「性秉仁厚，寬以接物，不記人之過」，即使受了別人的騙，也「恬如也」（《先叔兄紀略》）——這一點的確非常人所能。叔子常要談到處朋友的原則，也足見其人用心的厚道，對人情的體貼，決非一味勇猛直率。他的激烈，或許也是風氣使然。

叔子說，「朋友惟敬可久，亦惟適性可久」（《答陳伯璣》，《魏叔子文集》卷7）。「適性」正不易得。不知易堂那種「相砥」、「攻刺」的激越氣氛，能否使稟性溫厚如李騰蛟、彭任者「適性」。我很想知道，當彭士望、魏叔子發抒其激越情懷時，李騰蛟、彭任有怎樣的反應，他們會不會如兄長的看弱弟，用了慈愛而寬容的眼神的？

22

「易堂九子」活躍在贛南的這一時期，有兩位其時的大師級人物曾在江西，即方以智與施閏章。施氏宦遊江右，順治十八年以江西參議分守湖西道，直到康熙六年。方以智則於順治十五年後，禪遊江西，康熙四年主青原法席。方、施在江右遊蹤均廣，詩文中關於此地的風土人物，多所涉筆，以他們這期間的活動，深刻地影響了這一帶的人文面貌。其中方以智的影響更其經久。《方以智年譜》康熙元年：「是年，密之（按方以智字密之）雖為新城南谷寺主持，然萍蹤江西，蒲團到處，群論競起。」

由年譜可知，順治九年方以智在梅嶺，就已經由曾燦那裏得知有所謂「易堂」。方氏與曾燦為舊交，撰寫過曾燦之父曾應遴的墓誌

銘。王夫之得知魏叔子、林時益其人，則由方以智的推介。他說，
「青原極丸老人」（按即方以智）有書劄來，其中提到魏、林「亦鼎
鼎非此世界中人」（《搔首問》，《船山全書》第 12 冊第 824 頁）。由此
也可以想見其時遺民對同志者的關注，及其間消息的傳遞。後世想像
中的「遺民社會」，未必不靠了這種口耳相傳、以精神遙係的吧。

　　當魏氏兄弟僻處贛南、姓名不為人所知之時，明末四公子之一的
方以智即已聲名藉甚，交遊皆一時俊彥。叔子無緣親歷「復幾風流」
（按復幾即復社、幾社），直到方以智於明亡後為僧而駐錫青原山，
才終於有了親炙的機會。亦如當年與彭士望的遇合，與方以智的結
交，也是得之於亂世的一段緣。

　　方以智的《遊梅川赤面易堂記》，自記其訪易堂而感歎道：「在此
蓬萊中，及聞人、子弟，晝耕夜讀，豈容易得哉！」「又奇者，諸公
或土著自城依岩，或流寓種植自給，二十年來，各攜全家居峰頂，讀
書懷古，敷袵嘯歌，扶義古處，有茹肝澡雪之風。山川以人發光，良
不虛哉！」（《浮山文集後編》卷 2，《清史資料》第 6 輯第 40-42
頁）。那回方氏竟在翠微峰、三巘峰、冠石幾處盤桓了一個多月，欣
賞諸子的「直諒」，以至叔子認定他為「同堂同室人」（《同林確齋與
桐城三方書》）。《方以智年譜》係方氏此行於順治十六年（己亥）。應
當就在這時，方以智有了那番令諸子興奮不已的感歎，即「易堂真
氣，天下罕二矣」！事後看來，諸子對於方以智，不止於知己之感、
同志之感，他們還需要借諸方氏讀自己的群體，借這個有力的人物確
認易堂的「真氣」。

　　方以智的到訪，無疑是易堂諸子的節日，追記於事後，還保存了
當其時的那份激動。此後方氏曾再度遊金精山（《年譜》第 219 頁）。
丁未自青原遊武夷山，還曾在新城的天峰寺招叔子晤談。那晚聊得很
快意，叔子說別方氏七年，「胸中新語，勃勃不自遏」（《送藥地大師

遊武夷山序》,《魏叔子文集》卷 10)。

關於方以智在金精一帶的遊蹤,林時益在詩中有詳細的記述(《己亥季夏郭家山呈別木大師》,《朱中尉詩集》卷 1)。令林氏印象深刻的,除了方氏學識的淵博(「師如大海水,隨人自為汲」),還有其人的「樂易」,以至他的兩個兒子,竟牽了衣襟向這大師索取果實。叔子也感動於方氏的平易,說:「吾向交程山先生(按即謝文遊),和平春容,能使躁氣者當之而平,勝心者當之而伏;及交藥地大師(即方以智),能使才人見之自失,愚者見之自喜。」(《雜說》,《魏叔子日錄》卷 2)使才人自失不難,難在使愚人自喜。有大智慧者,才有此魅力。

與方氏的交往,被作為了易堂的一段佳話,也是魏叔子、彭士望、林時益等人「易堂記憶」的重要內容。由年譜看,走訪易堂,不過是方氏此一時期諸多交往中的一次,譬如路邊茶僚偶而的小飲,易堂中人卻繾綣不已,叔子甚至「積緒纏綿,如春蠶成繭」(《與木大師書》,《魏叔子文集》卷 5)——由此也更見出諸子的天真、懇摯。

這番交往對於叔子等人影響之深,見之於詩文,未必方氏本人所能料及。叔子這一時期曾涉江逾淮,與吳越人士交往,卻似乎沒有另一個人,如方以智這樣使他受到如此強大的吸引,在易堂同人中引發了如此持久的震動。方以智自然不大會想到,他的一次偶然的過訪,甚至影響了某個人(如林時益)此後的人生。方氏的魅力固然在這僻邑的一群書生那裏得到了證明,易堂諸子也緣方氏這樣的人物,領略了其時由名(流)勝(流)所標誌的境界。

較之魏叔子、林時益,方以智閱歷太豐富,交遊太廣闊,學識太淵博,令他們仰慕之餘,不免有一點受寵若驚。即使如此,叔子也仍然不放棄規誡的義務,說他自己與林時益事方氏「擬於嚴師,然意所不可,則謇謇然自比諍友之列」(《同林確齋與桐城三方書》)。

　　若干年後，這友情得了一個考驗的機會，那就是方以智之死。方氏之死，至今仍被作為懸案，但這不是這本小書所要討論的。余英時注意到與晚年的方以智過從甚密如施閏章者，對方氏之死像是諱莫如深。我也奇怪黃宗羲遺留的文字中，關於他的這位遭遇不幸的故交，卻像是只有《思舊錄》中說到其人「好奇」的寥寥數語。方以智之子也說時人對於其父之死，「諱忌而不敢語，語焉而不敢詳」（方中履《吳孝隱先生墓誌銘》，轉引自余英時《方以智晚節考‧增訂版自序》）。或許方氏本人也不曾料到，當他去世之時，由贛南山中發出了最沉痛憤激的傷悼之聲，幾位未必知交的朋友，再三憑弔，一往情深。如若當時的確有過關於方氏之死的禁忌，如若那禁忌果如余英時所形容，那麼易堂諸子對方氏的憑弔就彌足珍貴。那不但是有關方以智的重要文字，也是解讀易堂的重要文字。我所見祭弔方氏的文字，悲慨淋漓，未有過於彭士望的《首山濯樓記》（《樹廬文鈔》卷 8）者。此文以遺民哭遺民，堪稱奇文，是其時遺民表達中最富於激情的篇章。

　　無論方以智是否以諸子為知交，對於方氏，贛南的這幾個熱血男兒，像是知之獨深。彭氏寫於方氏死後的文字，對其人內心的隱痛，有何等深入的洞察。與方氏結交稍早的曾燦，則認為方氏的悲劇不始自喪亂之時，說當其人少年時，「擊筑罵坐，醲飲大呼，洋洋灑灑，下筆數千言，纖綺駢麗，珠玉繽紛，而興之所至，憂輒隨之」，像是已然明白了「其道之必窮」（《無大師無生寐序》，《六松堂詩文集》卷12）。因自託知交，故不免為其人慮之深遠。叔子向方氏的三個兒子傳授保生全身的經驗，教以「慮患之深」、「見幾之早」（《同林確齋與桐城三方書》），由此後的事態看，決非杞憂。這些翠微山中人，或許真的比之方氏父子更了解他們的處境。由一段距離外，諸子密切注視著這個家族，預先察知了方氏命運深刻的悲劇性。

以方氏諍友自居的叔子，曾勸方以智晦跡，批評其人「接納不得不廣，干謁不得不與，辭受不得不寬，形跡所居，志氣漸移」（《與木大師書》）。鴻飛冥冥，弋者何慕。叔子奉上的，未必不是一劑良藥。但方以智畢竟曾經是「尚通脫」的名士，一領袈裟，不可能盡掩昔日形骸。苦受得，粗糲的飯吃得，卻仍有可能不堪寂寞，難以像叔子期待的那樣，「掛鞋曳杖，滅影深山」。倘若能聽取這個無足輕重的朋友的勸誡，方氏此後的故事會不會有所不同？也是由事後看，易堂的幾位，或許更可托性命，在危局險境中也更能擔當──這當然只是我的所見，方氏未見得作如是想。況且能欣賞「直諒」這一種品質的，未必真能容受直諒之友。方以智對於叔子的規勸，會不會竟一笑置之？

你也沒有理由指謫方氏。叔子希望方以智慧型儀器型當世，成其為完人。但別人作何期待，與方氏又有什麼相干！正是由此後的事態看，毋寧說方氏安於他的命運，對此有一份令人起敬的泰然。

易堂的學人朋友中，除方以智外，還有上文提到過的方輿學家顧祖禹。遭遇顧祖禹，叔子、彭士望真真是如獲拱璧，以至逢人即說項斯。在學問一事上，叔子、彭士望都有自知之明。叔子自說「於古學遊其藩籬，未登其堂戶」（《答蔡生書》，《魏叔子文集》卷 6）；承認自己儘管文章為海內所推崇，而「實學」較之於顧祖禹、萬斯大（充宗）輩，則不免要「瞠乎其後」（《顧耕石先生詩集序》，《樹廬文鈔》卷 6）。彭士望則說自己讀書但覽大意，常不免於「訛字畫、音韻」（《與方素北書》）。他還說易堂諸子「於學無常師，亦罕所卒業」（《易堂記》），說得很誠實。但這並不妨礙他們欣賞顧祖禹的學問，更不妨礙其結交如方以智這樣的飽學之士。叔子佩服方以智、顧祖禹，卻並不就致力於學問，在我看來，也是其人的可愛之處。

彭士望、林時益的朋友歐陽斌元（憲萬），也是其時的奇人。彭士望記斌元為了向西洋人士學銃、學天文、日月食的測量等，不惜

「易名就壇事耶穌，隨村市人後瞻禮誦經，忍饑竟日。人或譏議之，笑謝不為止」，足見明代士人的開放心態。更令人稱奇的，是斌元物色「異人」，「雖疥癩齷齪行乞輩，語有得，即叩頭稱弟子，同寢食，留旬月不捨去」（《書歐陽子十交贊後》，《樹廬文鈔》卷 9）。林時益對這位朋友的學識也很佩服，甚至拜其為師。倘若不是生計所迫，以林時益的性情，未必不能成為學問中人的吧。

23

在關於易堂的諸種述說中，惟「易堂諸夕」無聲無息。她們的故事是要由男人們講述的，而男人往往將她們忽略了，你因而只能片段、零碎地得知她們的消息。

叔子曾為彭士望婦撰寫墓誌銘，令人可以略知「諸婦」為諸子的那段美好記憶所支付的代價。在那篇文字中，叔子寫到彭氏之婦山居後的令人不堪的貧窘：夜被劫盜，「天寒衣被俱盡，則裁敗絮尺餘綴衣」；彭氏外出，種茶、造紙、傭耕人田，皆由其婦主持，「飛塵蒙面，十指皴瘃斜互，見者傷之」。同篇還寫到彭氏婦出自宗室，「嗜茶飲，性尤愛花。既貧困，常覓花種破缶敗苢中，依時灌滌。花開，持茗杯流連移日不能去」（《彭母朱宜人墓誌銘》，《魏叔子文集》卷 18）。持茗杯看花而流連於「破缶敗苢」間，不免令人酸楚——相信也是叔子寫上述文字時的感受。「九子」中李騰蛟最先死，彭氏婦則死在李氏去世的前一年。

由季子本人的文字，可知其婦之賢。季子好遊，家貧不能為兒子延師，其婦即「自為授經書」（《析產後序》，《魏季子文集》卷 7）。魏世儆也說其父「破產，不為家」，「名日起，家日落，或一歲二歲或三四歲一返家山」，直至「倦遊而歸」（《享堂記》）。季子婦的艱困不難想像。

關於伯子之婦，其子魏世傑有《先妣行狀》，說居翠微峰時，家中落，其母「每鬻嫁時衣物」，「嘗服敝惡衣，日飯或歠白湯當菜」（《魏興士文集》卷5）——「桃源」中的婦人，有如是之艱辛！

據季子說，邱維屏不問家人產，任由其婦日夜操勞（《邱氏分關序》，《魏季子文集》卷 7）。邱氏自己也寫有《勞婦篇》，說「河東有勞女王，謂言學子妻」（《丘邦士先生文集》卷 17）。上文提到過的那則邱氏被其婦遣去借米不歸的故事，接下來的情節是，終於由其夕刁借了米來煮飯，而邱氏吃得很坦然，毫無愧惡。講述者顯然樂於欣賞邱維屏的淡泊，而那婦人呢，她對自己的丈夫該作何感想？

彭任婦似乎是個能幹的女人，長於治家理財。據叔子說，彭任隱居，又不事生產，先人所遺田畝租稅、出入徵賦及米鹽細碎，都由其婦主會計，「默識數目，不用簿籍，久而不遺忘」。此婦也「日親操作，常粥飯參半，衣少完好者」（《彭母溫孺人墓誌銘》，《魏叔子文集》卷 18）——諸婦的辛苦與貧窘，像是大同小異。叔子之婦謝秀孫較為特別，乾隆六年刊本《寧都縣志》卷 6《人物·列風雨翠微峰——由三巘峰看翠微峰女》有傳，近人編纂的《翠微峰志》「人物」一章也有傳，是易堂諸婦中入志的僅有的人物。據說謝氏「著有《季蘭詩詞稿》，流行於世者有五言古詩兩首，七言絕詩（按應為絕句）一首」（《翠微峰志》第 142 頁）。其它諸婦或許也有詩作，只是終不能如諸子、諸子弟的詩文那樣，刊刻流傳罷了。婦人們的聲音，總難達於閨門以外。

這些婦人，她們的苦樂悲歡，即使與她們的外子或也難以相通。遺民只是男人的身分，婦人們所得到的，則是由此而來的困窘。當著諸子在山中縱談古今、詩酒唱和的時候，這些無緣參與其間的婦人女子，或許正在為生計而操勞，她們不大會分享其夫對於易堂的那份感情的吧。至於諸婦間的關係，也像是並非一味地親密。據叔子的《先

嫂邱孺人墓表》），翠微峰上，「易堂諸女婦常相過遊嬉」，而伯子婦卻閉門不出（《魏叔子文集》卷 18），獨守了一份寂寞。

24

你由上文已經得知，易堂諸子的山中歲月並不枯槁。山下、山外的殺戮，未必就破壞了他們的好興致。

叔子的詩作得不好，性情卻無疑是詩人。正是就性情而言，叔子決不宜於充當所謂的「山澤之臞」。他偶而也自稱「山林之人」、「窮岩之士」，不過隨手揀拾來的熟爛話頭而已。由他與季子的精心營造廬舍，就不難令人想見處境心境的從容寬裕。那些建築儘管不如其人的文字能行遠留久，卻是他們各自生前的得意之作，切實地潤澤過那些山居歲月的，也應當作為魏氏兄弟饒有情致、熱愛生活的一份證明。

叔子有志於用世，卻不放棄營造詩意人生。他說：「古人云：及時為善；又云：及時行樂。不為善則失天地生人本意，不行樂則勞苦寂寞，無有生之趣。兩『及時』俱少不得。」（《裏言》）季子則對遺民好說的「儉德避難」有別解，他對朱子訓「儉」為「斂」頗不謂然，說：「『儉德』故妙義，亦何必『斂』乎？」（《朱容齋八十一歲贈言序》，《魏季子文集》卷 7）

叔子有癖，不但癖花木，癖園林廬舍，甚至好美食美色。太多嗜欲，無論在粹儒還是佛徒看來，其人的難以入道，都是無疑的，叔子卻將他的嗜欲，表達得一派天真。面對貧窶的朋友，他不免自慚，卻仍然忍不住誇耀道，自己「居翠微山中，桃、李、梧桐之花高於屋，高竹成長林，庭中有周軒曲檻，檻前方池二丈，池上有露臺遊眺之樂」，承認自己「性好治居室，又不能三五日不肉食」（《答楊友石書》，《魏叔子文集》卷 5）。叔子、季子處遺民，不取徐枋、李天植

式的自甘枯槁，固然出於性情，也應因了道德自信——不以為「節操」應當以放棄生活趣味為代價，這一點也見諸對於翠微山居的始終經營。

居室環境，叔子的確很在意。他在書劄中，不無得意地提到勺庭「新甃」，「淨几明窗，心緒恬豁」（同卷《答曾君有書》）。甚至西洋的宮室也令他著迷。他曾將一幅「泰西宮室圖」懸掛在勺庭中，「日視之，嘗若欲入而居者」（同上）。他解釋說，自己「性好宮室園亭之樂，而貧無由得，每欲使畫工寫放古人名第宅，或直寫吾意所欲作，故於此畫最為流連」（同書卷 12《跋伯兄泰西畫記》）。上文已經說到，不但季子，季子之子竟也「喜興作」，自說「室廬器皿多於他物」（《析產序》，《魏昭士文集》卷 3）。倘若生在近代，魏氏一門或許竟會以建築、園林設計名世，也未可知。

同一時期，流寓蘇門的孫奇逢及其家人，卻「竹戶繩床」，「長枕大被」（《榻銘》，《夏峰先生集》卷 9），風味全然不同。孫氏所寫生活的樸陋，像是更近於北方大地的顏色，是居住翠微峰頂的叔子難以想像的。

贛南春早，還在臘月，叔子就已經著手「藝植」，以至「晨興課童奴，亭午未曾息」（《乙巳正月雪中送門人熊頤歸清江》）。他自己說「生平僻於花，於桃尤甚」（《樹德堂詩敘》，《魏叔子文集》卷 9）；還說「蘭花吾愛汝」（《過劉氏竹園同林確齋駱樵客江玉仲》，《魏叔子詩集》卷 6）。朱彝尊「性癖好竹」，說竹「有君子之守」，且「類夫豪傑之士」（《看竹圖記》，《曝書亭集》卷 66）。叔子癖好桃花，與操守與豪傑都扯不上關係，不過癖好而已。這份情慾使叔子的心柔軟，儘管看起來與「志士」不大相稱。

顏元的高弟李塨「聞賣桃，動嗜心，既而曰：『一桃之微，可以喪身。』止之」（《李塨年譜》第 7 頁）。魏氏兄弟決不會因嗜食桃子

而自責，他們毋寧說是得意於這項嗜好的。

彭士望對叔子的熱中於園林廬舍不以為然，認為「吾輩」癖此，器識即難以遠大（《與魏凝叔書》，《樹廬文鈔》卷 2）。叔子本人也微有不安，說自奉不能約，非處亂世苟全之道（《苟全居銘為彭立齋作》）。事實上，卻並不真的願意放棄凡俗之人的人生快樂。叔子在對他自己的情慾的既自嘲又辯護中，保存了他的「吾」；在對季子「吾廬」的詮釋中，維護了別人以及他自己的「吾」。他承認自己「嗜欲深重，所謂耳目之於聲色，口於味，四肢於安逸者，皆不能自克治」（《答施愚山侍讀書》，《魏叔子文集》卷 6），卻未必真的打算「克治」，未見得不以「真率」自喜。

叔子的快樂僅由他的文字也不難感到，那文字是明亮的，沒有格格不吐的艱澀，也少有晦黯不明的隱喻、暗示。方以智所欣賞的「真氣」，也應當包括了這種雖嚴肅而不失自然的生活態度的吧。

叔子內心的柔軟，在對其「內人」的態度上，有更細緻的表現。

也如自說喜愛桃花，叔子不諱言「兒女情」，並不以為這情即與「英雄氣」有妨。他的詩集中與其「內」有關的篇什，足以令人想像伉儷情深。

叔子好遊，羈旅異地，「空閨」裏的病婦，令他牽記不置。他會在詩中對她說：「汝病春常劇，憑誰驗藥方？」（《春早發翠微余欲輕裝內人勸余重繭日寒思吾言卻寄二首》，《魏叔子詩集》卷 6）他會在月明之夜因懷念病妻，而不忍聞秋蟲的悲吟（同卷《申園雜興》）。他也曾於暮雨中瞥見溪上的桃花，因遙憐其婦而黯然傷神（同卷《寒雨見松間桃花感內人病》）。甚至西湖逢七夕，也不免要念及內人當此夜的形單影隻（《七夕寄內》）。

叔子說內人「粗通筆墨」，未必不解風情，只是因了未曾生子，且一向善病，輾轉床榻，自己又常常出行在外，不能夫婦唱和，「閨

房之際」，不無缺憾（《娛墨軒遺詩敘》，《魏叔子文集》卷9）。

　　但由叔子的文字，仍然難以想像這對夫婦日常生活的情景，比如今人無法知曉其夫妻關係何以竟招致了易堂上下的不滿。彭士望《及聞人梁份書》關於叔子，說：「易堂之友與其伯、季、諸子、門人，率以其服內太篤，待之太過，白璧微瑕，乃在於是。」彭氏甚至寫了數千百言的長信「規責」他的朋友。所謂「服內太篤，待之太過」，指的是懼內，還是過分甜蜜、纏綿不已？由文字看，叔子似乎不曾辯解，或許只是用他的頑固作了回答。直到這婦人「餓殉」了叔子，那些指謫叔子待其「太過」的朋友，才無不「神聳心折」，彭氏甚至「即柩前拜為女師」（同上）。

　　叔子婦的殉夫，也如在此之前伯子之子的殉其父，在易堂歷史上，均不失為重大的倫理事件。此婦之殉使得叔子的親友又有了一個機會，為叔子的道德感召力找到證明。由遙遠的事後看去，這一再的「殉」，為易堂歷史塗染了血的慘烈顏色。季子卻以其嫂的死為榮，說「此寒家大不幸中稍足紀述者」（《答施愚山侍講書》，《魏季子文集》卷8），甚至以之為「不幸中之幸」（同書卷9《答彭子載》），令人不禁想到《儒林外史》中的那個王玉輝（參看該書第48回「徽州府烈婦殉夫，泰伯祠遺賢感舊」）。魏氏兄弟倫理意識的迂陋，並非僅見於此。叔子、季子固然可愛，一旦遇到這類題目，卻又面目可憎。

　　在我想來，易堂中人不能諒解叔子對其妻的纏綿，倒未見得真的以為不合於禮，更可能認為大英雄不當如是。由此也不難察知易堂內部關係中的緊張性，密集生存與相互監督對於私人空間的擠壓。或許當謝氏作出絕食這一重大決定時，正是那些關於她的非議，暗中激發了她？

　　有理由相信，眾目睽睽之下，翠微峰上的這婦人，她的孤獨與寂寞是無邊的（叔子《新城道上》：「獨舍依寒山，曠若棄中野」）。她所

承受的壓力，包括了不曾生子。叔子因此而「置婢妾人凡四五」（《祭亡女文》，《魏叔子文集》卷 14），卻仍然未得一男半女。「完美主義者」的叔子，志在「彌縫」天地，卻有如此重大的人生缺憾，情何以堪？我在下文中還將說到，叔子之婦的鼓勵丈夫遠遊，也為了便於他納妾——那個時代被公認的賢德婦人，往往有如此這般的「明達」之舉。叔子卻還要危言聳聽，說其婦性情的「躁」有妨生育，有「如彼炎方，草木枯死」（《躁戒（示內作）》，《魏叔子詩集》卷」云云，要她去其「傲剛」，勉為「和順」，毫不猶豫地將不育歸過於其婦。真的想不出那婦人該如何忍受。由此看來，叔子看似完滿的夫婦一倫，未見得沒有罅隙。

此外你難以想像的還有，這性情剛烈的女子，如何處置與那婢妾四五人的關係——叔子之婦內心的淒苦，怕是無可告語的吧。

25

叔子關於他的嗜好的表白，令我對於諸子的經濟狀況發生了興趣。

由彭士望的《易堂記》所載各項禁約，可以想像丙戌、壬辰之間，諸子在翠微峰上的「共同生活」所達到的程度，你卻仍然難以具體地想像諸子在日常生活層面的相互關係，比如他們是否「通財」。彭士望曾說他和歐陽斌元、王綱交，「有無通」（《書歐陽子十交贊後》），卻沒有說與叔子一班人是否也能如此。彭氏說他「傭魏伯子田，為隸農自給」（《恥躬堂文鈔・自序》）——是「傭」，並非無償地佔有。季子之子世儼「售」曾燦舊居（《虛受齋記》）——也是「售」而非無償地轉讓。諸子遺存的文字中，我沒有看到關於互通有無、彼此接濟的記述。倘若情況的確如此，是否可以認為這群士夫即使在親密的交往中，也不曾忽略人我分際，未失冷靜的分寸感？「真氣」固

然，但「真」非即天真爛漫。

諸子關於他們的生活來源，有一些零星的記述，儘管也如其時士夫通常的那樣語焉不詳。除外來的彭士望、林時益外，其它諸子均應有田產。彭任自說略有田產，「不復能別治生以長尺寸」（《分產示三子序》，《草亭文集》）。至於曾燦，叔子說其人「或自課耕以食其所獲，或浮沉乞食於江湖」（《曾止山詩序》），即以田產與遊幕為衣食之資。

李騰蛟曾在三巘峰授徒。他在詩中說：「嗟予寡陋，即席半廬。環以花竹，中授生徒。」（《泮水》，《半廬文稿》卷 3）叔子也說到他和季子、彭士望曾授徒新城（《涂宜振史論序》）；還說自己授徒山中，「不能不教人作舉子業，出處無據，自笑模棱耳」（《與金華葉子九書》，《魏叔子文集》卷 5）。

據曾燦說，陳恭尹「擅計然之術」（《與陳元孝》，《六松堂詩文集》卷 14）。叔子連「耦耕」也不以為然，更不必說「貨殖」。他於授徒外，兼以賣文。他後來的出遊，由謀生的角度，就包括了兜攬生意，自說不免「求取猝應」，「動多違心」（《答施愚山侍讀書》）。施閏章《寄祭魏叔子文》，也有「高言可市，賣文已多。心枯腕脫，寢就沉痾」（《施愚山集》文集卷 24 第 471 頁）幾句。季子於授徒外，接受過浙江巡撫范承謨白金六百兩的饋贈，曾出貸，權子母（《析產後序》，《魏季子文集》卷 7）。而彭士望於「躬耕」、授徒、賣文外，尚從事「相地術」（《與陳君任書》，《樹廬文鈔》卷 1）——差不多包羅了其時士人除仕宦外的主要謀生手段。

諸子中，曾氏、魏氏，稱邑望族，貲產可觀。乙卯那年，即山居三十年後，叔子曾向晚輩說起，明亡前其家「殷富，有餘田宅，衣食甘美過今日遠甚」（《諸子世傑三十初度敘》，《魏叔子文集》卷 11）。但由文字中看，與東南世家著姓仍不能比擬。關於曾燦，其婿魏世儼

則說，「數十年來，人所贈遺及家所故有，手揮擲白金萬千百兩」，不肯「以家人生事為念」，致使妻子有「繼日之憂」（《同蔡舫居祭外舅曾止山先生文》，《魏敬士文集》卷 6）。由家世、經濟狀況看，「九子」中的多數，可以看做「平民知識分子」，這一點由他們的詩文也得到了證明──與東南名士、貴遊子弟確有氣象的不同。即門人亦然。《梁質人年譜》說梁份「家世寒微，自占籍南豐，歷七八世，中間將仕郎三人耳，曾未有一為郡邑諸生者」（第 1 頁）。

涉及財產，魏氏兄弟每有極脫俗的思路。叔子說他曾與季子討論「用財」，以為「至親骨肉及一體朋友處，不敢施鄙吝，並不敢施慷慨」（《裏言》）。由叔子的行為看，其不敢施慷慨，決非不願施救助，而是出於對他人的尊重。他還說：「與常人共財，當自損以讓人；與賢人共財，均平而已，此方是忠厚盡處。」（同上）其中的道理，怕不是今人都能理會的吧。叔子的這一思路，與下文中將要寫到的他由徐枋、李天植那裏所得啟示，是一致的。士人由「取與」之道，發展出了與「施與」有關的極精微的思想，以為取與、施與都關涉道德與尊嚴。這一種精緻的邏輯，在現代人這裏，已然陌生了。

關於「三魏」之父魏兆鳳，彭士望、邱維屏都有記述。此人與本書有關的最重要的事蹟，即為他的三個兒子分割財產。魏兆鳳有《書三子析產後》（《魏徵君雜錄‧附錄》），是與理財、用財有關的訓示。季子為他的兩個兒子分割產業，也效法其父，有一篇「析產論」，說世俗所以為的「薄產不足以遺子孫」、兄弟無爭不必析產云云，都非「通論」（《二子析產序》，《魏季子文集》卷 7）。而季子之子，則重演了「三魏」相讓的故事（季子有子三，其一為叔子後）。季子還曾應其子之請，詳細敘述了魏氏的財產狀況，說他的那點「薄產」雖「微末」，「然非此不足成故吾」（《析產後序》）。季子的兩個兒子世傚、世儼不愧其父的肖子，也分別為其子析產，撰序，自述所歷艱

辛，以為訓誡（見《魏昭士文集》卷 3、《魏敬士文集》卷 3），儼然家風。只有置諸仍在延續中的宗法社會的背景上——即如官方對於「累世同居」的所謂「義門」的表章——上述家風才異乎尋常。邱維屏死後，其婦（即「三魏」之姊）「舉所有產著之冊」，以授其子，並命季子作序（即《邱氏分關序》），即使「區區之產」，也「條例縷分」，不厭其詳。由此也可以解釋魏氏的處朋友：朋友不妨親如兄弟，但兄弟本不意味著財產共用。

由父輩主持為其子分割產業，當其時，應當並不罕見，真正異乎尋常的，倒是發佈「析產聲明」，且一論再論，以此表明了析產並非不得已，而是基於清明的理性，出自主動的安排。由其時士人文字流通、傳播的慣例看，魏氏兩代人關於析產的論說，已不僅僅是家族檔。

魏氏兄弟對待財產的透澈的理性，無妨於情感的纏綿。寧都並非商業文化發達之區，那份理性，不便徑直用了經濟生活中的變化來解釋。由文集看，季子的三子也頗「怡怡」，像是沒有發生「失和」、「鬩牆」一類事件——未始不也多少因了父輩的榜樣。應當說，析產，參與構成著魏氏兄弟的故事的背景。為時人所豔稱的「兄弟怡怡」，背後隱現著一個明智的父親的影子。

由季子《析產後序》、《二子析產序》、魏世傲的《析產序》可知，當初三魏之父魏兆鳳析產，授季子產千石。季子析產，其二子世傚、世儼「各得百八十有六石之田」。到世做主持「析產」，其三子各得田百五十石——田產遞減，愈「析」愈細，或許可以作為因田產一再分割、士人的經濟狀況變化之一例。

當然，判斷諸子的物質生活狀況，不便僅據他們本人或相互間的描述。其時有參與聚居的危習生其人，叔子曾極寫其生活的拮据的，據林時益的詩，其人經營有造紙作坊，「主僕工傭」二十人（《癸卯初夏習生四十初度作此貽之》，《朱中尉詩集》卷 2）。文人當做文章來

作的，與事實的出入往往難免。

　　我試著想像諸子日常的衣履。叔子有「棕鞋茶杖筍皮冠」的詩句（《春日即事》，《魏叔子詩集》卷 8）。由魏叔子、彭士望的文字看，諸子踏冰雪、行雨中，均「躡屐」，平日或也如野人的著草鞋，他們的子弟有時就赤了足，在布了青苔、水跡的山石間攀援。季子的文字中一再提到他本人及門人的「跣足」。

　　叔子晚年致書伯子、季子，說當他的兄弟辛苦勞碌之時，他自己卻「獨食飲、被服緩帶、踶履」，不免於心不安（《寄兄弟書》，《魏叔子文集》卷 6）。看來，即魏氏兄弟，「踶履」也嫌奢華，以至叔子不忍獨享。在叔子的其它文字中，也可見「廁履」的字樣，那應當是一種正式、鄭重的裝束。叔子曾自懺其「服用」的「侈」，甚至夢到故去的父親的指謫，令他「悚息」而「涕下」（同書卷 7《與楊御李進也》）。由他的文字看，其「服用」較之東南名士，實在是小巫大巫。

　　走在山路上，我想，這些石磴是否曾有本書中的人物踏過，那些著了屐或草鞋的腳？我想觸摸那生活的質地，而諸多物質細節，在無論叔子還是彭士望的記述中都被忽略了。這裏自然有書寫中的選擇，寫與不寫，可寫與不可寫，以及無須寫、不必寫。無論古文還是時文規範，都不免要排除瑣屑的日常性。至於叔子，顯然陶醉於詩情，而不肯破壞意境的完整。他們所要敘述的，是完美無缺的關於友情的故事，這故事像是無須物質依託也能進行的。

寧都・翠微峰（二）

26

由翠微峰往山下走，應當是愈近城市，愈見煙火人家。由季子《西門》（《魏季子文集》卷 2）一詩可以知道，由寧都縣城到翠微峰，途中有水流、僧院。那水即龍變溪。也是在事後，想到，我本應走這一趟，由寧都到翠微峰，或由翠微返回寧都，而不是乘了汽車──儘管走在路上，所見必與諸子當年不同。

魏禧經了十六七年的山居，壬寅（康熙元年）前後，決定作吳越之遊。

季子說叔子丙戌居翠微後，「歲惟清明祭祀一入城而已」（《先叔兄紀略》）。乾隆六年刊《寧都縣志》卷 6《人物・隱逸・魏禧傳》，也說其人甲申後隱居，「非祀祖不入城市」。事實卻是，涉江逾淮之前，叔子不但參與清明的祀祖，且曾授徒新城，過瑞金，居雩都，還曾赴贛州，試圖為楊廷麟遷葬。叔子授徒的水莊、曾燦「課耕」的六松草堂，都臨近縣城。上述《寧都縣志》同卷說彭任「足不履城市」，卻又說彭氏曾訪謝文遊於南豐的程山，「未嘗再適他域」；孫靜庵《明遺民錄》採用了這說法（第 2 凹頁）──但南豐也是城市。星子的宋之盛，據說「足不入城市」的，也曾訪謝氏於南豐。以宋之盛、彭任自律之嚴，仍不免一入南豐，也證明了此種戒律的難以嚴守。

其實諸子入城的理由很多，比如治病，或看護病人。曾燦詩集中有《城居侍家大人病因柬易堂諸子》（《六松堂詩文集》卷 6）。叔子

後來因其婦纏綿病榻，為方便就醫，「徙宅於近郊」（《祭塗母鄧孺人文》，《魏叔子文集》卷 14。按近郊即水莊）。李騰蛟晚年因目疾而致盲，也曾一度住在寧都城中（《跋書歸去來辭》，《草亭文集》）。城市的不能不入，還因了生計。「吾廬」落成之時，季子就說過，自己雖「志樂山居」，卻因「饑來驅我」，不得已而「屑屑走市」（《與劉長馨》）。直到晚年，他還說「最愛山居好」，卻不免要「三旬五入城」（《偶述》，《魏季子文集》卷 4）。

抵達寧都的那天下午，我們曾到了叔子的水莊學館，在據說是原址的地方，看到的是農舍與廢墟，有雞在草叢中覓食。

那一時期士人所說的「城／鄉」，不消說暗中對應了「清／明」，由今人看來，其意義更在象徵層面。黃宗羲曾質疑伯夷、叔齊的「不食周粟」，其人決不會以「不入城市」自限其行動，是無疑的，卻無妨於後世依然以「不入城市」者為標準遺民，甚至在為遺民撰傳時不屑於「夷考其實」。

顯而易見的是，叔子的這次經了渲染的出遊，無論在他本人還是由旁人看來，都不同於在寧都及其周圍的城市走動。何以不同，叔子並沒有解釋。由事後看來，壬寅、癸卯的江淮吳越之遊，不過更加激發了叔子對於通都大邑的興趣而已——到丁巳（康熙十六年），他前後已五至揚州（《程翁七十壽敘》，《魏叔子文集》卷 11）；甚至病逝的那年，還到過南昌、南京、吳門（蘇州）、無錫。叔子在這一點上，像是並沒有遺民通常會有的那種潔癖，他對於城市，倒是別有期待。他說：「隱當為太公，不當為伯夷。擇地釣渭水，乃為西伯師。」還特意指出，龐德公、諸葛亮當未出時，所處均為「都會地」，因此才多有豪傑相從（《詠史詩和李咸齋》，《魏叔子詩集》卷 4）。或許可以認為，富於生機的城市，本來就更契合叔子的性情。

其時曾有孫無言其人，聲稱將歸隱黃山，用了這名義遍徵詩文，

卻滯留揚州十年不作歸計，令一時知名之士有上當之感。叔子立論卻別出心裁，他的那篇《送孫無言歸黃山敘》（《魏叔子文集》卷 10），說孫氏非但不必歸隱，且正應當待在揚州，以便結識、招攬天下志士。文人作文，求出奇制勝，叔子的話，不必都當真；但這番議論，卻不無真意。伯子也以自己的體驗為根據，對孫無言表示了體諒（《贈孫無言歸黃山序》，《魏伯子文集》卷 1）。

王猷定說，殷人曾在商餘山避周以至於避秦，那卻不是遺民惟一的選擇；只要「意中常作此山想」，無論是否隱居，甚至其山之有無，都無關緊要（《餘中說》，《四照堂集》卷 12）。山林固然可隱，鬧市也未嘗不可隱——王猷定這樣的遺民，也就以此「解放」了自己。

遺民傳狀中「不入城市」、「不入州府」的字樣，毋寧說表達了公眾對於這一族類的期待。「遺民形象」也難以避免「標準化製作」。身為士人而不入城市，本是極難的事，卻被人說得太容易了。

丙戌居山之初，魏氏兄弟曾有過一次堪稱重大的抉擇——是留在山上，還是出而「應世」。所以重大，因為關涉身分：留在山上，即選擇為遺民（當然這身分在此後的歲月中也可能更改）；出而應世，則多少意味著放棄遺民身分。叔子、季子選擇了前者。

到叔子準備出遊吳越的壬寅這年，永曆已死於吳三桂之手，兩年後（甲辰），張煌言就義；雖鄭氏在臺灣仍奉永曆正朔，事實上抵抗運動已大致平息。叔子這一年決定出遊，自然是經了深思熟慮的。當此時王夫之已避居湘西，黃宗羲正在撰寫《待訪錄》。這一年顧炎武在北中國，曾出古北口，往薊州，又曾謁北嶽恒山。其《五十初度時在昌平》一詩中，有「遠路不須愁日暮，老年終自望河清」句——遺民中的頑強者，心也還未死。

不止入不入城市，如叔子這樣的入山、出山，在其時也不免有繁複的政治及道德語義。叔子、季子當年的選擇山居，即示人以堅持甲

申之際的政治立場。既然那時以入山為拒絕甚至反抗，那麼局勢穩定後的出山，無論是出應世務，還是如叔子這樣的出遊，都不免有了嚴重意味。當此之際，遺民的「心防」不可能不遭遇重大衝擊。一入一出，的確也構成了易代之際一部分士人人生的兩個段落。倘若想到十八年後叔子死於道途——彭士望的說法是「野死」，未嘗不可以認為，這一「出」參與鑄成著他的命運：出山在叔子，含義豈能不嚴重！

城／鄉（包括山）的道德意義，甚至不待「易代」才有。儘管有明一代城市、商業有了大幅度的發展，保有潔癖的士人，仍然堅持以城市——尤其商業繁榮的城市——為「濁世」。因而叔子下山前的精神準備，還包括了準備著涉足濁世。他一再提到杜甫的詩句「在山泉水清，出山泉水濁」——事關「清濁」，意義豈能不嚴重！晚年的季子，也引了杜甫的這兩句詩，說每當還山，即覺「真趣自多」，而「每下至山麓，面目漸換」（《答李元慈》，《魏季子文集》卷 9）。至於伯子的出而「應世」被描寫為「自污」，也應當既指與異族的權力者交接，也指踏入城市這濁世。伯子自己也說：「一自入城郭，竟如投網羅」（《雜興》，《魏伯子文集》卷 7）——可以作為人受制於自己製作的文化符號、自己的文化想像的例子。

明末名臣孫承宗早就說過，「士一涉世，真氣漸靡」（《應天鄉試錄後序》，《高陽詩文集》卷 11）。本來，「真氣」也賴有某種隔絕，包括對於東南名士文化較少沾染。何況「易代之際」！彭士望對張自烈說，聽說他雖然「久居南都」，卻與居山時無異，很感欣慰（《與張芑山書》，《樹廬文鈔》卷 3），是包含了委婉的批評的。顏元對於北方名遺民刁包的涉「世局」——雖不過「世局中微有點染」——也不以為然，勸其守「閉戶之哲」（《答刁文孝先生》，《顏元集》第 432頁）。季子倒另是一種思路。他權衡了出與不出之間的得失，在他看來，不出固不免「封己」，出又要冒「失己」的風險，尤其由江西這

樣「地瘠而民樸」的地方走出去，到「大國名區、人文輻湊之處」，
更有可能失掉了本有的質樸（《孔英尚文集序》，《魏季子文集》卷
7）。由此看來，出、入各有其弊，像是沒有絕對無弊的選擇。

　　道德人格的堅守，是遺民生存的一大主題，為此不能不斤斤於清
濁之辨。陳恭尹有《獨漉堂集》，梁佩蘭所撰陳恭尹傳，說陳氏「晚
號『獨漉』，更以明其不忘忠孝之心」（《獨漉堂集》）。叔子寫《獨漉
篇》，卻有「獨漉獨漉，水深泥濁；水深尚可，泥濁污我」等句，顯
然寓有微諷。其《後獨漉篇》更明白地自注曰「為友人作」，也以
「獨漉獨漉，水深泥濁」起興（《魏叔子詩集》卷 1）。亂世中人確也
像是易於點污。黃宗羲記江右人物陳弘緒（士業）：「庚子，余遇其舅
氏於舟中。寓書士業，答曰：『吾非故吾，若有慚德，何也！』」（《思
舊錄》，《黃宗羲全集》第 1 冊第 366 頁。按此節標點似有誤）劫後餘
生，殘破的確也不只是山河。

　　即使有如上的風險，甚至更大的風險，叔子也一定會出遊的。他
必有此「出」，他不可能如王夫之，他不具有王氏那種「用獨」的思
路。他的熱烈，他急切的用世願望，都注定了他不可能、也不宜於在
那山中堅守。

　　叔子本來就認為「遁非君子所得已」（《詩遁序》，《魏叔子文集》
卷 9）。他不甘以「處士」自限，在寫給門人的詩中，明確地表示，
要「勉率二三子，洗我處士聲」（《贈門人孔用儀五十》，《魏叔子詩
集》卷 4）。他向遠在嶺南的陳恭尹說：「士君子生際今日，欲全身致
用，必不能遺世獨立。」（《答陳元孝》，《魏叔子文集》卷 7）他對他
的座師解釋道，出山之際，他想到的是，「閉戶自封，不可以廣己造
大」（同書卷 6《上郭天門老師書》）。同樣的意思，他在其它場合也
說過，比如說，「閉戶窮山」，難免會「封己自小」（同卷《與杭州汪
魏美書》）。大致同一時期，顧炎武也說過類似的意思，如曰「獨學無

友，則孤陋而難成；久處一方，則習染而不自覺。……若既不出戶，
又不讀書，則是面牆之士」（《與人書一》，《顧亭林詩文集》第 90
頁）。出遊在這裏，被作為了士「成學」的條件，也即士自我造就的
條件。由此看來，「出」固然有點污的危險，由另一面，未始不可以
看做突圍——由遺民的自我錮閉中的突圍。

魏氏兄弟本不脆弱，並不真的那麼懼怕濁世，甚至不惜有所點
污、沾染——倒更可能出於道德自信，以及不無誇張的使命感。「滄
浪之水清兮，可以濯我纓。滄浪之水濁兮，可以濯我足。」伯子就曾
在詩中用了挑戰的口吻說：「被發坐磐石，濯足向清溪。雖有清濁
殊，達者無不宜。」（《古詩》，《魏伯子文集》卷 7）叔子原屬於那樣
的一種人，需要隨時為自己的行為確定意義，對抗濁世，不也有一種
意義？

叔子說，他為了此行，改換了自己的形象——至少他自己提供的
敘述如此。他的說法是，「貶服毀形為汗漫之遊」（《與熊養吉》，《魏
叔子文集》卷 7），似乎暗示了其在翠微峰上，以至在附近的城市走
動時，所著仍然是明人衣冠。這並非不可能。明遺民中確有一些人，
是用了各種方式，保持了明人模樣的。季子說李騰蛟授徒山中，其弟
子來學者，「皆袞（應為褒）衣簪冠」，李氏本人則「三十年未嘗著時
服」（《寧都先賢傳》）。由叔子《桃花源圖跋》看，山中人著的是「野
服草鞋」。

叔子出遊八九年後，在揚州，有人為他畫山居像，穿戴的是「寬
博」的明人衣冠，叔子歎為「絕似」（《看竹圖記》）。那麼出山，就意
味著對遺民所堅守的這一部分的放棄。剃髮與著時裝，在叔子，不可
能全無痛楚。他曾用了嘲謔的態度，寫伯子之出，「辮髮被紅纓，禿
領學時服」（《贛江呈伯兄》，《魏叔子詩集》卷 4）。倘若叔子本人真
的直到壬寅下山前才有一剃，當剃刀在頭頂上迴旋，「受之父母」的

長髮紛然落地之時，這敏感的書生，一定會有一份慘傷的吧。出山的代價自然不限於此，但那散落的長髮，是具體可見的，不由人不心痛。由叔子的《季弟五十述》可以知道，季子出遊先於叔子，已亥就已經「下江南」；叔子的遲遲不遠行，除了體弱外，是否也因不忍捨棄明人的「楚楚好衣裳」？

曾燦說：「畏靜不住山，畏喧不居市。」（《吳閶秋懷……》，《六松堂詩文集》卷 2）士夫選擇之難，有時確也在這些地方。山（鄉）、市都不可居，又到哪裏去呢？叔子於此，有了他的對策，即「居山須練得出門人情，出門須留得還山面目」（《答陳元孝》）。

事實是，明亡後一度自我禁制的遺民，在時間中不可能絕無遷流。即如陸世儀的棄鄉居而入城市，陳瑚的離開蔚村。「土室」、「牛車」作為象徵，也有其時效的吧，那一些細小的變化正無怪其然。

27

叔子本富於想像力，對於女色，固然能「鑿空」想像，對於山水，當出山遠行之前，早就在「意遊」（《送木大師遊武夷》，《魏叔子詩集》卷 4）──體質孱弱而心性活躍的人物，常常會發展出這一種能力。對於吳越這人文淵藪，叔子是嚮往已久了。

一旦真的下了山，叔子也就對江淮、吳越一遊再遊，一發而不可收。他自己說「泛彭澤航太湖者逾十反」（《陳介夫詩敘》，《魏叔子文集》卷 10）；還說自己「伏處山中幾二十年，出遊東南交天下之士亦幾二十年」（同書卷 8《賴古堂集序》）。他曾登燕子磯，獨上危亭，對茫茫大江，賦了「不知故國幾男子，剩有乾坤一腐儒」（《庚戌九月雨後重登燕子磯見伯季舊題悵然有懷》，《魏叔子詩集》卷 7）的詩句，心境的蒼涼可知。

熊開元記方以智的遊，「肩大布衲，遊行即以為臥具。別無鞋
袋、鉢囊，亦復不求伴侶，日數十里無畏無疲」（《青原愚者智大師語
錄序》，《柒庵別錄》卷 1，轉引自《方以智年譜》第 178 頁）——方
氏以貴公子為僧而耐勞苦如此！這樣的遊，叔子顯然不能。叔子出
遊，是有僮僕服侍的，決不至於如方以智那樣辛苦。

季子意氣豪邁，有犯難涉險的勇氣，叔子不堪勞頓，有時就只能
望洋興歎。他聽季子講述自己登華山絕頂，「日月從兩耳陞降，視黃
河如襪帶委地下」，竟「精神惝恍者久之」；當他自己遊廬山五老峰，
也會「驚怪狂叫，木落石墜」（《閔賓連遊廬山詩序》，《魏叔子文集》
卷 9）——儘管久居山中，叔子兄弟仍能被山的氣勢所震懾。叔子也
曾遭遇過大風浪，舟中皆無人色，他卻「倚舷而望，且怖且快，攬其
奇險雄莽之狀，以自壯其志氣」（同書卷 10《文激序》）。這的確也像
叔子的神氣。

出遊而特重江淮、吳越，未始不包含一點虛榮。士林的人倫衡
鑒，一向賴有吳越名士的月旦品藻，而「聲名」與「聲氣」從來相
關。「社交」在有明一代士人生活中，至為重要。直到本書所寫的時
代，社交圈仍有可能意味著其人的影響力所能抵達的邊界。至於個人
聲望的擴張，的確要憑藉盡可能廣闊的交遊。叔子在東南之行中，驗
證了自己以及易堂的影響力。他自己說客西陵時，海寧陸嘉淑（冰
修）聽說他是江右寧都人，「特過湖莊訪所謂『易堂』者」（同書卷 7
《與高雲客》）。以江右僻邑人士而為江南名宿所知，的確是件值得誇
耀的事。對於叔子東南之行的成效，朱彝尊也看得很清楚。朱氏說：
「叔子居易堂讀書且二十年，天下無知叔子者。一旦乘扁舟下吳越，
海內論文者，交推其能，若竹之解於籜而驟幹夫煙霄也。」（《看竹圖
記》）

東南之行被叔子所以為的成就，更在結交了諸多「天下奇偉非常

人」（《費所中詩序》，《魏叔子文集》卷 9），其中就應當有歸莊、姜
垛、徐枋、惲日初、吳任臣、孫枝蔚、沈昀、萬斯大、葉奕苞、李
清、李天植、黃子錫、汪諷，以及閻修齡、閻若璩父子等，其中多有
遺民。他曾踏月訪友，說那晚好月亮，「衢巷如水」（同卷《一石山房
詩序》）。壬子那年中秋，則與友人虎邱觀燈，聽度曲，故交新知，對
月石上，「觀者如堵」。叔子當場吟詠友人所作的詩，「為激楚之歌，
人聲無嘩，木葉欲下」（《虎邱中秋讌集詩序》）。想來虎邱的月色，較
之翠微峰自有不同。叔子未必不喜歡這種氣氛。

令他遺憾的，倒是出行晚了一點。他說自己居翠微峰的二十年
間，「海內耆舊凋落殆盡，往往不得識面」（《書禹航三嚴先生崇祀錄
後》，《魏叔子文集》卷 12），因而也就愈加汲汲，如恐不及。吳越人
物，本不乏光彩照人者，叔子終於有了更多的機會，體驗優秀人物之
間的相互吸引。

其間與汪諷的結交，也如在寧都的結交謝廷詔，在叔子，是得意
之筆。

汪諷（魏美）是其時東南著名的高士，行蹤飄忽，應當屬於那種
以遊為隱的一類。朱彝尊說其人「高蹤苦節，人所難堪」，自己曾訪
之於大佛寺僧僚，「竹榻蘆簾，不蔽風雪，坐間欲留予啜杯茗，則瓦
爐宿火已銷，一笑而別」（《靜志居詩話》卷 19 第 581-582 頁）。黃宗
羲所見的汪氏，「匡床布被之外，殘書數卷，鎖門而出，或返或不
返，莫可蹤跡」。據黃氏的記述，其人或許是遺民中嚴守了「不入城
市」的戒律的一個（《汪魏美先生墓誌銘》，《黃宗羲全集》第 10 冊第
382 頁）。

叔子客居西湖時，汪諷正「進退無常，不可蹤跡」。叔子聽說他
到了湖上，即托其弟轉致書劄如下：「魏美足下：足下知僕至，意當
倒屣過我，顧以常客遇我，足下則可謂失人。」這書劄實在氣勢奪

人，而汪氏也就為其所「奪」。據說諷得此書劄，「輒走舍館相見」
（《高士汪諷傳》，《魏叔子文集》卷 17）。據叔子說，汪諷為人「落
穆」，「性不好聲華」，當其時有「汪冷」之目；既見叔子，「臥談至雞
鳴，或更起坐，不肯休」（《與杭州汪魏美書》後自記）。與汪諷這種
名士交往，叔子的那封書劄，或許可以看做技巧的成功運用。他其實
深諳這一流人物的心態，對自己所取方式有明確的效果期待，因而相
互吸引中，又未始不包含了「征服」的快感——儘管不能如季子似的
尋訪友人到華山絕險處，叔子求友的頑強，於此也可見一斑的吧。

遺民人生，本是一片衰颯的風景。叔子遊江淮之時，東南遺民多
已入老境，當日的抵拒、抗爭，已像是前塵往事。面對這片風景，難
免不生出蒼涼之感的。叔子自說所交東南之士，「恒散伏草間，或滅
跡窮山深谷，不求知於人，人亦不得而見」（同書卷 22《書羅飯牛扇
面》）。其中最令他淒然的，或許是康熙十年（辛亥）的訪李天植。

李天植，明亡改名確，字潛夫，人稱「蜃園先生」，《鮚埼亭集》
卷 13 有《蜃園先生神道表》。明清之際南北遺民中，有過不止一名
「餓夫」，李天植算得一個，他的貧以及甘於餓，是出了名的。叔子
見到其人時，李氏已經是八十二歲高齡的老人。據叔子說，李氏「家
奇貧，無子，又病疝氣，不能二三百步行，久坐下墜，常日仰臥讀
書。門無三尺之僮，廚無爨婢，獨老妻在室，頹然相對」（《與周青士
書》，《魏叔子文集》卷 6）。叔子到其家，見李氏蹣跚「執杯茗，不
能具飯飯客」，惆悵不已，即在太湖舟中作書，「欲聯數同志，為挨月
供」，甚至作了具體的設計，邀周篔（青士）主持其事。這書劄後有
叔子次年（壬子）所記，說他事後在山中訪徐枋，徐氏說，只怕李先
生不接受他人的接濟。「君子愛人以德，君力所不及，聽其餓死可
也。」李天植即於次年三月棄世。「聽其餓死可也」，確也像以「苦
節」著稱的徐枋的口吻。在徐枋看來，李天植的餓以至餓斃，不過

「求仁得仁」。徐氏的這番話竟使叔子感到了震撼，叔子說自己「且痛且愧，真淺之為丈夫也」。令今人費解的是，何以張羅救助，就「淺之為丈夫」了呢？

讀了這篇文字，我卻不能不有另一番惆悵。在我看來，「頹然相對」的老夫婦中，老婦的處境，較其夫更淒苦、絕望。為了保全節操，自己餓就是了，老妻也陪著挨餓，總覺得近於不情。讀了這故事，不能忘的倒更是那老婦。

丁巳（康熙十六年）孟夏在吳門，叔子曾寓紅板橋南樓，據他自己說，「賓客早暮至不絕，每夜斷燈火上，始得從容盥漱者幾二月」。其時有華子三者，得叔子的詩，捧讀而泣，「哭二日夜，兩目盡腫」。送叔子到船上，子三「哭不能起」，以至令叔子想到「趙景真一見嵇叔夜，千里追逐，狂病陽走」，儘管他也自謙不能當此盛意（《華子三詩敘》，《魏叔子文集》卷 9）。也是在這一時期，叔子結交歸莊，據說每當叔子要「束裝行」，歸莊就「涕泣」以至「失聲」（同書卷 14《哭萊陽姜公良山歸君文》）。倘若這類記述不曾誇大，那麼叔子令人依戀之深，無論山居還是出遊，都得到了證明。叔子本人也長於描述這種場面，不厭其細，筆墨間不無陶醉。令吳越人士為之傾倒，或許已超出了他的預期。

彭士望《魏叔子五十一序》說：「魏叔子庚戌間再遊吳越，人傳誦其文章，謂為南宋來所未見，求之者無虛日，日削版待之，朝成夕登，即日流佈；海內所推一二者舊大耄之老，爭識面引為忘年交。士無識不識，皆知有寧都魏叔子。」一些年後，彭氏為「三魏」後人的文集作序，還說到庚戌那年的除夕，叔子「歸自淮揚，文名大震，一時鉅公尊宿，或云數百年所未見，人得其篇牘，咸珍異藏棄以為榮」（《魏興士文序》，《樹廬文鈔》卷 6）。庚戌那年叔子四十七歲。由叔

子這一時期的文字看，他本人也自待不薄。人恰如其分地估量自己，
談何容易！

經了近二十年的遊，不消說志意日廣，見聞也日增。但我所讀過
的東南人士的文字，與叔子有關的卻難得一見，因而無從推測那些文
化過熟的吳越人士，是否真的由這來自贛南的書生身上，感受到過山
中的清新之氣。可以確信的是，在此期間並不曾發生過如當年與彭士
望那樣的遇合。

待到年過五旬，叔子雖勉力出行，意氣已大不如前，自說「山居
鬱陶，輒思一暢生平；出門觀覽，壯心頓消」（《寄兄弟書》）──確
也是老之已至的消息。

28

易堂諸子多有遠遊的經歷，其中彭士望與魏氏伯、季都雄於遊，
季子尤其意氣豪邁，渡海頓山，必窮極幽邈。

叔子出遊吳越前，季子就已經到過瓊州（海南），渡瓊海時，風
浪夜作，「舟中人眩怖不敢起」，季子獨起視海中月，作《乘月渡海
歌》（叔子《吾廬記》）。他還曾訪彭荊山於華山絕險處，攀索踏磴，
「一日直上四十里」（叔子《季弟五十述》）。施閏章補充了一個細
節，即季子「語從者曰：『人何必終牖下？死便埋我。』」（《魏和公五
十序》，《施愚山集》第 1 冊第 176 頁）季子曾在行旅途中遇到鹿善繼
的孫子，由他那裏得知了孫奇逢的消息，一時過於興奮，竟「誤觸道
旁棗墮驢，足掛鐙，驢驚逸，碎首血出，傷數處」，也不過「裂衣裹
傷復行」（《魏和公南海西秦詩敘》，《樹廬文鈔》卷 6）。凡此，也可
資考南北遺民間的信息傳輸與聲氣聯絡。

彭士望序季子的紀遊詩，說：「魏季子和公居翠微百丈之峰，有

兄弟朋友文章之樂，恒鬱鬱不得志，氣憤發無所施，則身之南海，更渡瓊……」（同上）其中也應當有遺民心事的曲折表達。見諸一時士人文集的有關交遊、聯絡的紛繁線索，確也令人覺察到平靜中的激動、擾攘，猶如水面下的洄流。

季子較他的叔兄耐得水陸舟車。他自己說「少時頗習勞苦，可跣足步數十里百里……或隻身無憚從，結伴走千里，典鬻衣裝自資」（《析產後序》）。囊中羞澀，就不能不是艱苦的行旅。季子說，他陸路的交通工具乃獨輪車，水路則多乘碟子（一種輕便的船）。杜甫《最能行》：「富豪有錢駕大舸，貧窮取給行碟子。」至於夜宿，則茅簷、敗席，不免要供蚊蚋飽餐。在瓊州，「颶風夜發屋」，還曾「臥星露之下」（《吾廬記》）。「一晴塵集須，一雨泥滅足」（《海南道中》，《魏季子文集》卷 2）。這樣的遊，確也非叔子所能承受。伯子、叔子去世後，像是為了驗證時間的力量，季子又有嶺南、南浙之遊。十六年後早已物是人非，別有一番滋味在心頭（《答黎媿曾觀察》）。

就我所知，明代的交通狀況較之前代，並無顯然的改進，其時士人的動輒遠遊，不能不令人敬畏。至於那一時期士人聯絡之廣、聲氣之相通，是交通便捷的現代人難以想像的吧。

遺民的好遊或也因了遺民的寂寞，山居者的「好遊動」，也正出自山民式的對外面世界的嚮往。一年前，我曾乘車沿了岷江，走在聳峙的大山間。靠在椅背上，被窗外綿亙不絕的荒涼的大山麻木了感覺。車中播放著音帶，有女聲反覆吟唱著一個單調的句子：「我想走出大山，去看看外面的世界。」我自以為體驗到了那種壓抑、羈束與掙扎、突圍之間的緊張，聽懂了這歌所表達的「走出」的渴望。

叔子的江淮吳越之遊，論者指為從事反清秘密活動的，叔子本人揭出的動機，則是「求友」、「造士」。用了叔子的說法，即「求友以自大其身，造士以使吾身之可死」（《與富平李天生書》，《魏叔子文集》

卷 5）。彭士望甚至對大旅行家徐霞客夷然不屑，說其人「終不得草莽一二奇士，徒周旋名公卿間，何足道」（《魏和公南海西秦詩敘》）！

叔子相信「氣不足以蓋天下者，不能交天下之士」（《蕭孟防六十敘》，《魏叔子文集》卷 11）。季子的遊，或許就在踐行其叔兄的主張，他說自己「聞天下賢人，雖千里裹糧，竊願一見」（《與梁公狄書》，《魏季子文集》卷 8）。叔子也說其弟「所至必交其賢豪，尋訪窮岩遺逸之士」（《季弟五十述》）。至於彭士望的《易堂記》，誇耀「易堂所至，大猾、武健、技術、任俠、博雅知名士、方外、石隱、詞章、獨行、理學，窮約顯達之人」無不交，又像是蓄意搬演「《左傳》時代」故事。

於「求友」、「造士」一類堂皇的大題目外，叔子的遠遊也另有不足為他人道的動機，如賣文以謀稻粱，如「卜妾」以冀得子嗣。他《新城九日寄內》一詩自注道：「壬寅余卜妾江南，內人送行詩，有『願言得抱子，雍雍歸故鄉』句」（《魏叔子詩集》卷 7）。對此，上文中已經提到。

來寧都前，我曾到大庾（今作「大余」）看古驛道、梅關——季子詩中又作「庾關」。那天春雨霏霏，我們一行外，幾乎別無遊客。我在想像中將自己的人物安置在這一景上，卵石鋪成的驛路，黴跡斑駁的關門，他們或獨大庾·古驛道大庾·梅自，或與人同行，足音橐橐地在叢山中，是怎樣的況味？回到北京後重翻季子的文集，得知他所經大庾嶺上的驛道，「駔車駟馬闐道途」，並不如我所設想的淒清。大約季子也如我這樣，先有了一番想像，因而當看到那驛道「行來十馬可齊輪」，並非險關，不禁笑虛名之誤人（《梅嶺》，《魏季子文集》卷 5）。季子一再有嶺南之遊，曾「三載三行梅嶺道」，說其地古松十圍，他曾在松下小憩；還說只見松而未見梅，「梅嶺」徒有其名（同書卷 3《梅嶺松》）。

　　方以智順治九年曾由梅嶺經過，也說該地「但有松千尺，難求梅一枝」（《無生寐・度梅嶺》，《浮山後集》卷 1，轉引自《方以智年譜》第 177 頁）。施閏章所見梅關，像是更其荒蕪。他在詩中說：「門容一騎入，人度萬山來」，「蓬蒿行處滿，漫說嶺頭梅」（《大庾嶺》，《施愚山集》詩集卷 24 第 475 頁）。

　　我所見庾嶺，已遍植梅樹，卻未見古松。偶而看到一叢映山紅，綻放在蒼岩綠草間，比之後來我在杭州所見大片人工栽培的杜鵑花，顏色美得遠了。

　　要到古驛道、梅關這種所在，才能使你更真切地體驗你之為旅人，你的在行旅中。我們自然不同，我們不過是遊客，悠然地觀賞著這路這關，知道等在半山處茶肆中的，是熱情的主人。

29

　　季子在詩中說：「慷慨出里門，寂寞歸山園。」（《嶺南值任道爰生日》）其實出門也難免寂寞。無論乘車馬還是乘舟，當著漸行漸遠，那一抹家山終於消失在了薄霧中，會有失卻依傍後的空虛之感的吧。

　　山是有根的，水則流轉無定。翠微一峰難免令人魂縈夢牽。陳恭尹說，他聽季子向他說到那山：「往時為我言翠微，諸峰秀出旁無依。」（《寄題魏和公吾廬》，《獨漉堂全集・詩集》卷 3）伯子曾在某個夏日登上金山，回望家鄉，因此一念，也就在想像中渡江河，逾高陂，經此地歷彼地，終於抵達了瑞金，「西距寧都未至三十里，望一峰迥然屹立，則金精之翠微也」；接下來想像自己經了紆長的路，終於入城郭，遇知交，攜手同歸，僮僕驚呼，兄弟稚子出迎（《潮州送屠夢破序》，《魏伯子文集》卷 1）——那正是遊子夢中的還鄉之路，伯子溫習得爛熟的路。

　　西行途中，季子想到了翠微，說「峰頭一勺水，想亦發荷花」
（《西行道上》，《魏季子文集》卷 4）；因路旁山形之似，記起了留在
家鄉的朋友（同卷《路上有山似冠石彭躬巷林確齋所居》）。翠微峰上
的叔子卻牽記著行旅中的彭士望，甚至想到了彭氏在羈旅中，「獨身
誰與謀」（《寄彭躬巷》）；自己一旦遠遊，又會掛念病中的林時益
（《西湖飯黃米懷林確齋兼呈主人》，《魏叔子詩集》卷 6），「不勝故
山之思」（《桃花源圖跋》）。

　　諸子懷念中的翠微峰，是個絕無機阱、令人陶然忘機的小世界，
其存在像是只為了與濁世相對照。也正因了遠離家山，「易堂」與那
段山中歲月，愈加成為永恆。

　　就這樣，有人居山，有人出行；或此時居山，彼時出行。即如季
子，以「遊」擴大人格，以「居」保全面目。正因有了遠遊、暢遊，
終於有翠微峰的堅守。此遊此居，無不可見其「吾」。

　　出行者賴居山者代為照料。彭士望有四方之遊，林時益多病，
「家居並督二家事」（《朱中尉傳》，《魏叔子文集》卷 17）。出者交一
人，居者即友其人，恨不能即刻握手言歡——即如叔子對終身未見的
陳恭尹。那還是季子自『『南海』』歸來的時候，聽了季子稱道所謂的
「北田五子」，「同堂咸信之」，書劄中「輒齒兄弟」（《獨漉堂詩序》，
《樹廬文鈔》卷 6）。叔子還曾叮囑出遊的曾燦為他抄書，說「翠微
石室尚足藏書也」（《與袁公白》，《魏叔子文集》卷 7）。而出遊者為
山居者帶回的，可能不止於書：叔子就曾為伯子出示的「泰西畫」所
吸引（《跋伯兄泰西畫記》）。山中與山外世界，也就這樣地溝通著。

30

　　諸子既「出」，一個嚴峻的課題，即以何種原則處「交接」，以至

「辭受取與」。

這本是一個遺民事蹟被敘述的時期，僅僅已有的有關敘述，就足以使得遺民的生存充滿了暗示。他們清楚地意識到自己「在歷史中」。黃宗羲說，「茫茫然尚欲計算百世而下，為班氏之《人物表》者，不與李、蔡並列」（《壽徐掞青六十序》，《黃宗羲全集》第 11 冊第 64 頁。按班氏即班固，李、蔡應指李陵、蔡邕），所表達的，無非這一種自覺。這意識無疑使得生存緊張。明遺民很難剋制對於自己行為的（從旁的）審視與評判。至於交接，即使在平世，也是士人立身的大關節，何況亂世，更何況身為遺民者！我們談論「遺民」，那個時期被我們如此談論的人物，通常並不以「遺民」自我指稱，卻未必不具有這一種身分意識。

從事自我道德人格的塑造，叔子保持了自始至終的清醒；即交接一端，就始終不失謹慎，矜重。他的說法是，「君子持節，如女子守身，一失便不可贖。出處依附之間，所當至慎」（《裏言》）。他感激施閏章的知遇，卻說即使有方以智的一再相招，對施氏「終不敢以野服見」，希望等到其人「解組」（因而彼此的關係有了改變），再「買舟東下，長揖匡湖之濱」（《答汪舟次書》，《魏叔子文集》卷 5）。與此情況相似，他曾與周亮工同客吳門，明知周氏愛賞他的文字，也終未一見（同書卷 8《賴古堂集序》）。

叔子去世前為施閏章的詩文作序，說三十餘年間，「不敢懷一刺、一啟事干貴人」（同卷《愚山堂詩文合敘》）。另在致友人的書劄中，說自己「出處取與間，常兢兢恐失山中面目」（卷 7《與徐孝先》）。叔子也並非一味謹慎，他以為理想的狀況是，既不毀「廉隅」，又不露「圭角」（《乙巳元旦得圭篆試筆》）。他並非不明白二者難以得兼。他致書陳恭尹，說「浮沉二字最是難為。浮者便浮，沉者便沉，獨浮沉之間，稍方則忤人，稍員則失己」（《答陳元孝》）。應當

承認，叔子的行為的確可稱中規中矩，偶或行權，分寸也總能拿捏得恰到好處，決不至有違於公眾對於遺民的期待。陳恭尹所以招致物議，也應因了不善於在此「之間」把持。那個時候，載浮載沉，終至「沒頂」的，確也大有人在。處通／塞、達／介、浮／沉之間，何嘗容易！

叔子在「交接」的一面，對方以智、陳恭尹，都盡過規勸的責任。陳氏以忠臣之後，也如方以智，經受過明亡之際的大苦難，有著較之魏氏兄弟複雜得多的家世背景和政治經歷。吳道鎔所撰《獨漉堂集》序，說「北田五子」之一的梁梿，對陳氏有「僕僕城市之責備」，朱彝尊也有「降志辱身之微詞」（見之於《靜志居詩話》，參看該書第 712 頁）。溫肅的序也說，對於陳氏，「當時同志已不見諒」，岑徵（霍山）甚至有「可憐一代夷齊志，錯認侯門是首陽」之諷。但易堂諸子像是並不苛責他們的這位朋友。彭士望序陳氏的詩集，話說得相當體貼，說自己「心知元孝沉痛患難，學與年深，馴猛鷙之氣，漸就和易」。但若僅據了文集，以魏氏叔、季與陳恭尹比較，確也會讓你知道，被劃歸「遺民」一類者，彼此的境界有怎樣的不同。

當然，叔子不事「干謁」，不等於不「交接」，更無妨於書劄往還——他以此守住了一條界限。彭士望的情況也大致相似。他們堅持不入公門，不遊幕，不苟取與，守上述諸戒惟謹，卻不能全不與當道接觸；不「干瀆」，卻仍然要陳述民生疾苦、地方利病。彭氏甚至不惜為朋友（曾燦）而向當道求助（《與李梅公少司馬書》）。季子走得稍遠了一點。上文已經說到，他曾接受過伯子的幕主浙江巡撫范承謨白金六百兩的饋贈。施閏章也看出了魏氏叔、季的這一點不同，即叔子「不入公府」，而季子則「間與世浮沉，為文武大吏重客」，卻又說季子「義所不可，則屹然不移尺寸」（《魏和公五十序》）。季子不應試，且不遊幕，也仍然守住了他所設的那條界限。

　　那時的遺民有身分自覺的，各有其所守底線，只不過彼此的底線未必一致罷了。即如黃宗羲，與當道多所「交接」，從事聲勢浩大的講學活動，非但不令其子黃百家世襲遺民，且推薦門生萬斯同以布衣參明史局，卻仍然有所不為，有他所認為的決不可為。全祖望撰《二曲先生窆石文》，說李頤自律之嚴，「當事慕先生名，踵門求見，力辭不得，則一見之，終不報謁」，「有饋遺者，雖十反亦不受」（《鮚埼亭集》卷 12）──另有材料證明並不盡然。同為北方大儒，孫奇逢、李頤都曾得到有力者的關照。他們不絕物，不為不情，取與之際卻也仍有原則，儘管與上文寫到的李天植，原則有所不同。

　　叔子、彭士望的好友顧祖禹，另是一類，其人既不仕清，又不肯棲遲岩壑間，而是從事著述，且出入於當世貴人府邸。應當說，後世在釐定遺民身分時，保持了相當的彈性，否則就只有食薇於首陽者，才配稱遺民──何況關於伯夷、叔齊，也仍有疑論。

　　「獨善」、「兼濟」，士人往往被迫作非此即彼的選擇。遺民的選擇更有其艱難。寧化的李世熊就說過，「避地同塵，都無是處」（《答彭躬巷書》，《寒支初集》卷 6，轉引自《梁質人年譜》第 33 頁）。遺民命運之乖蹇、處境的荒謬，正在「都無是處」。即使稱「苦節」者，也經受不起苛刻的追問，如所食乃誰之粟，所踐為誰之土之類──這種倫理絕境，豈不也是士人自己參與構建的？以叔子的敏感，不能不於這尷尬有深切的體驗，而那種種微妙而精緻的苦痛，僅據了他流傳下來的文字，是並不都能察知的。

　　叔子拒薦博學宏辭，是康熙十七年（戊午）的事，以此一「辭」，完成了清初名遺民的形象。就這樣，叔子謹慎而又不失從容優雅地將自己塑造成了那個時代的「完人」。兩年後叔子病逝。

31

康熙十二年（癸丑），吳三桂舉兵反清，耿精忠、尚之信回應，這就是所謂的「三藩之變」。江右被捲入戰事，已是次年。

三藩之變因係大清定鼎後的變亂，較之易代，像是有更其敏感的性質。而發生在甲申三十年後、永曆朝覆亡十二年後，遺民對此一事件的反應，與明亡之初有了相當大的不同。「易堂九子」即可為一例。

幾乎可以認為，在易堂歷史上，三藩之變有某種「標誌」意味。

叔子自己說，當戰事緊張之時，他曾與友人在距戰地不遠處閒談，其間有如雷的炮聲傳來（《王竹亭文集序》，《魏叔子文集》卷8）。叔子的這份鎮定不免有一點可疑。據《魏叔子年譜》，康熙十五年（丙辰），叔子曾客居富田，又避兵雲塢，次年即住在盧陵山中。丙辰，梁份赴長沙為韓大任（按當時韓為吳三桂守吉安）向吳三桂乞援。梁份說，當叔子「居盧陵萬山中」，他自己曾「揭衣水行，日夜百十里就區畫大事，其後成敗不失錙黍」（《哭魏勺庭夫子文》，《懷葛堂集》卷8）。直到叔子病逝，梁份才提起此事，且說「此惟份知之，而未嘗與人言者」。當然，你仍然不能知曉叔子所「區畫」者何事，預測的是何種成敗。

當然遺民表達，於隱晦中仍有透露，即所謂的「蛛絲馬蹟」，只是更宜於啟發想像而難以確證罷了。即如叔子對於三藩之變的態度，就令人難以斷定。叔子本人就說過：「吾嘗以為殘賊殃民者，雖師出有名，故國法所不容……況叛服反覆，惟以盜賊為事者乎！」（《周左軍壽敘》，《魏叔子文集》卷11）由上下文可知，這裏叔子指的是因三藩而起的「群盜」。但「雖師出有名」云云，仍然值得玩味。

季子在這期間的確表現得激動不安。由他的《析產後序》看，他的介入「世務」，周旋「貴人」間，正自甲寅、乙卯始。其子魏世傲

在《享堂記》中，也說其父「出入金戈鐵馬之中」。甚至世傲本人也曾奉了父命而奔走道路，「嘗天寒被雨，步行九百里，衣褲水流者十三日夜」（《答周盛際先生書》，《魏昭士文集》卷 2）。「九子」中，或許季子最不安分。庚子、辛丑間，季子在粵，就可能有赴龍門島與義軍聯絡的企圖（《陳獨漉（恭尹）先生年譜》）。即使這樣，也不宜想像過度，以為季子日事奔走、策劃。他的那些活動很可能只是山中歲月的插曲，短暫地打破過寧靜而已。事後他的另一個兒子世儼對朋友說，三藩變起，頗有人因「久習兵革」，「惟以豪傑自命」，以至於「流而忘反，身名俱隳」，值得慶幸的是，他們彼此尚未失「故時面目」（《拙軒子盧孝則三十又一序》，《魏敬士文集》卷 3）。凡此都可證易堂中人固然抱了（「陝復」）的期待，並不就將三藩之變認做了時機。

由文字看，彭士望似乎超然事外，反應很冷靜（季子《同堂祭彭躬蒼友兄文》，《魏季子文集》卷 16），我卻懷疑其人在三藩之變中，形跡真的像他的朋友說的那樣簡單明瞭。寧都的鄧先生也注意到了，乾隆六年刊本《寧都縣志》，刊落了與彭士望、邱維屏有關的幾乎全部內容，甚至兩個人的姓氏。即如述林時益「避地寧都，與魏氏三子□□□□□□李騰蛟、曾燦、彭任為兄弟交」。你無法知曉這兩個人清初的言行觸犯了何種禁忌——或許我們又遇到了遺民身世之謎？

諸子中置身局外的，或許是彭任。道光五年（乙酉），王泉之序彭任的《草亭文集》，說：「易堂九子皆以文章鳴世，皆以道自任，三藩之亂，多有與時浮沉者」，而彭任「獨抱道在躬，安其常，守其變」——自是清人的一種見識。三藩變中彭任心情的複雜，由他一些年後寫給顧祖禹的書劄（《與顧景範書》，《草亭文集》），可窺知一二。當魏氏兄弟奔走策劃時，彭任或許就用了這一種複雜的眼神從旁觀望的？

三藩之變不但使一些遺民經歷了大激情，也使一些遺民經受了大

危難，在遺民這一族群中引發的震動，未必在明亡之下。易堂諸子的
朋友為事件波及的，就有方以智、蕭孟昉、顧祖禹等，陳恭尹甚至因
牽連而下獄（《獨漉堂全集》馮奉初所撰陳氏傳）。

　　梁份與三藩之變的關係，似乎當其時就已不那麼秘密。劉獻廷
《廣陽雜記》卷 2，記述了梁份向吳三桂乞援，吳留他觀戰一事。當
然劉氏此記，應屬「秘錄」，在當時絕非用於發表的。梁份也未必不
自晦其跡，他的上述行蹤，不但不見於收入《懷葛堂集》的文字，且
「九子」也像是諱莫如深。但也仍然有透露。林時益在詩中說，他因
聽到過有關梁份的消息，以至收到了梁的長信竟不敢打開（「乍傳異
說愁難信，詳載長書怯未開」，《乙卯十二月梁質人自南豐至作》，《朱
中尉詩集》卷 4）。彭士望也提到梁份曾「以氣矜避地」（《復友人
書》，《樹廬文鈔》卷3）。

　　梁份的乞援之舉，即使在對三藩之變反應積極的遺民那裏，也是
相當冒險的。易堂兩代人中，或也惟有梁份能如此「蠻幹」。份何嘗
不知道江西在兵馬蹂躪中，小民不堪其苦，卻不肯錯失「恢復」的或
許是最後的時機，其心情之複雜，不難想見。當然，秘密活動自有其
刺激性，當著真的「海氛漸滅」（黃宗羲）、「潮息煙沉」（全祖望），
遺民生存的意義危機才會到來。三藩之變中梁份的興奮，或也可以由
此得一點解釋？

　　然而同為叔子的門人，也有參與平息三藩之變者（參看魏世傚
《贈鮑子韶四十序》，《魏昭士文集》卷 3）。季子的《曾有功墓誌
銘》、叔子《贈萬令君罷官序》一類文字，表達的也是支持平息變亂
的態度。也如不能確知叔子在盧陵山中的「區畫」，你也難以認定季
子父子的出入於「金戈鐵馬」，究竟所為何事。三百年之下，由諸子
的文字所能察覺的，毋寧說只是那些年間山上山下的擾動而已。

　　我已經說過，我由諸子那裏讀出的，主要是友情與親情的故事，

是關於朋友、兄弟的故事，「拯」、「濟」的故事則若隱若現，浮動其間，並不清晰與一貫。被敘述的遺民生平，往往不連貫，有諸多空白，以至破碎零亂。

那一時期士人的表述中，有太多的隱匿、閃爍，其中正有他們的生存狀態，過於完整、連貫，反而令人生疑。

有明一代，贛南一向多事。嘉、隆間陸穩就曾在奏疏中說過：「贛州封疆多鄰閩、廣，山賊之出沒靡常，巢寇之盤據日久。一嘯聚於鄉落，則妻子半為虜掠，田圃盡見荒蕪；一弄兵於城池，則墳墓多被挖開，房廬悉為灰燼。」（《邊方災患懇免加派錢糧以安人心疏》，《明經世文編》卷 314）明亡之前，這裏的民眾已飽受戰亂之苦。同疏還說，「南、贛二府（按應指南安、贛州），據江西之上遊，為全省之藩蔽，界鄰閩、廣，故流寇之出入，必先取道，攻城掠野，無歲無之」，這種門庭之患，為他郡所無。叔子也說：「贛州十二屬邑，皆負山依阻，地迫閩粵，故昔稱多盜，而天下稍稍有事，則蟻聚蜂起，揭竿假名義者，不可勝數。」（《周左軍壽敘》）

寧都的混亂似乎尤甚。易代之際，「寧之民嘗稱兵於市，白日而殺人劫人於縣治之門。已而郡兵破縣城，城屠掠幾盡」。三藩之變起，寧都一縣「百里環強敵，十里多伏莽，門以內奸民之欲持白梃而起者相視」（《贈萬令君罷官序》，《魏叔子文集》卷 10）。叔子一再寫到「改革之際」贛南、寧都的動亂與殺戮。彭士望、李騰蛟也說寧都、南豐一帶，「大盜數千，盤踞出沒，焚殺淫擄，慘動天地」（《與傅度山兵科書》，《樹廬文鈔》卷 4），「暴客橫縱，不擇人而食」（《族子季玉四十一序》，《半廬文稿》卷 1）。

當著要選擇立場時，士大夫對於上述情境，豈能度外置之！

32

發生在這期間易堂歷史上的重大事件，即魏伯子之死。情況很可能是，諸子的「激動擾攘」，因了伯子之死，而折入於悲憤沉痛。

伯子，名際瑞，字善伯，原名祥，字東房。

如若一定要伯子為他的死承擔一點責任，那麼丙戌那年他的「出」，或許可以算做禍端。當時清王朝委任的新縣令到任，局勢已大致平靖，魏氏兄弟有了一次機會，作更從容、更理性的選擇。上文已經說到，叔子、季子在這當兒選擇了「山居奉父母」，而伯子卻在一番逡巡之後，選擇了出而應世。

伯子對於他自己的選擇也有辯護。比如他說，「豪傑之士能為人所不能為」，他們特立獨行，不恤人言，不顧世俗之毀譽，「有時能奮立於天上，有時能伏泥中，有時可以絕類獨上，而不畏天下古今之橫議；有時屈情從眾，不避庸俗之名」（《續師說》，《魏伯子文集》卷3）。也就是說，必要時惟豪傑才能「自污」。

我們不知道伯子當選擇之時是否感到過痛苦，但有一點是確實的，即伯子因有這一「出」，後世的「遺民錄」上沒有了他的名字；而有魏伯子在「九子」之內，易堂也不再是嚴格意義上的「遺民群體」。對於本書而言，伯子此「出」的確意義重大──其人所從事的活動，複雜化了「易堂」的性質。

我以為對於這類身分問題，看重的或許更是後人，尤其在清代表彰明遺民的活動中。彭士望說陳恭尹因交遊廣闊而「為人所訾謷」，陳氏的態度是「任之」（《贈北田四子序》，《樹廬文鈔》卷6）。即使不能超然於毀譽之外，伯子對於自己身後是否能入遺民錄，未必真那麼在意，儘管他確也曾反覆陳情，申述他「應世」的不得已。伯子有詩曰：「海國干戈正未休，書生仗策幾時投。偽朝李密慚忠孝，江左

夷吾老寇讎。」（《署中月夜登樓悵然之作》，《魏伯子文集》卷 8）伯子的心事，也惟在詩中，有曲折的透露。

在事後的追述中，伯子的選擇被一致解釋成了作為長子，為了宗族利益的犧牲。這一解釋被不斷復述，證明了諸子對問題的嚴重性的了解。他們說，伯子的作為，有大不得已者。那時寧都局面混亂，即使如易堂這樣「結砦而居」者，也「科重餉，禍且不測」，正因了伯子「獨身冒險阻，任其事，屢瀕於危」，翠微峰才得以保全，自此，隱居的諸子及族人親戚，「倚伯為安危者三十餘年」（《先伯兄墓誌銘》，《魏叔子文集》卷 18）。據邱維屏所輯《魏徵君雜錄》，「三魏」之父魏兆鳳當初也並不反對長子的遊幕，只是當「長子偶得當事所饋金，進以奉」時，這父親「堅不納」而已。

由叔子寫給方以智三子的書劄看，「三魏」的上述分工，是自覺的生存策略，兄弟三人必定有過仔細的謀畫、商議，決不像叔子記述的這樣簡單。明清易代過程中，即使參與過抵抗的士人，也會面對如「三魏」這樣的再次選擇——在最初的激情之後，選擇此後的人生。於此又有士人的歧途。伯子原富於智謀。叔子說他的兄長「人情當世之故，深煉熟識，入於毫芒」（《伯子文集敘》，《魏叔子文集》卷 8），本來就是幕府人才。他的死絕非無可避免。在發生於明末至清初的漫長對抗中，他不過被輕易地當做了供奉祭壇的犧牲而已。

關於伯子的死難，叔子、季子都一再述及，大致的情節是，到康熙十五六年，韓大任仍在寧都、樂安一帶頑抗，伯子受哲爾肯之命前往招撫，未曾料到的是，他動身後，清兵突然合圍，韓大任懷疑伯子出賣了自己，拒而不見，「始以幽囚，終遭毒刃」（《與顧袁州書》，《魏季子文集》卷 8）——在易堂同人看來，重演了楚漢相爭中酈生的故事。至於韓大任，則於康熙十七年入福建到康親王軍前投降，江西一帶的戰事至此結束。

伯子的作為及他的死，作為易堂的一處創口，引發了持久的隱痛。伯子的清白已成為易堂諸子當著面世時不容迴避的問題，而為其洗刷，則被視為這一群體（無論長幼）的倫理責任。關於伯子之死，易堂中人強調的，是桑梓的保全。他們說，伯子並非不知道此行所包含的危險，當著親友極力勸阻時，他表示自己考慮的是救寧都「縣民之生」（《眾祭魏善伯父子文》，《邱邦士文鈔》卷 2）。叔子所記更為具體，說他的兄長赴韓大任營之前，寫道：「兩兵相交，死者千萬。且吾鄉蹂躪已久，秋深冬至，民無衣被，何以為生，吾何憚此一行為！」（《祭伯兄文》，《魏叔子文集》卷 14）邱維屏也說伯子「舍生以救千萬人之生」（《眾祭魏善伯父子文》）。曾燦甚至比伯子於魯仲連，說：「當時吾友去，亦似魯連情」（《過聊城縣追悼魏伯子》，《六松堂詩文集》卷 5）。伯子的一往而不返，在諸子事後的追述中，被渲染了濃重的悲劇色彩。

「易堂故事」中的有些情節，曾被不同的人或同一個人反覆陳述，如魏叔子、彭士望的相遇，如伯子之死。這些被反覆陳述的片段，無疑有某種關鍵意義；經由陳述，確也像是構成了易堂歷史的關節點。諸子有關伯子之死的陳述，主旨在為其人洗刷，代其剖白心跡。伯子之死，顯然不僅被作為家族、群體的事件，因而才有了那種「面對公眾」的言說態度，也更令人感到了士人於亂世立身之難。非設身處地，努力去理解遺民一族的道德生活，明白進退出處在當時的極端敏感性，才聽得懂易堂中人的那些辯護、哀訴。

但我也仍然注意到，關於伯子的行為，傳世的《草亭文集》中沒有任何表態。你盡可以想像彭任既不肯苟同，又不願立異，於是就在他所在的角隅沉默著。

至於伯子丙戌的一「出」用了為家族「存祀」的名義，實際動機則可能遠為複雜，未見得不也因了用世衝動。如上文說到的，潔身固

然是挑戰，某種「自污」則有可能是更大的挑戰。那個時期並不缺少被認為守身如玉的遺民，經得住最為苛刻的道德衡量，可比之以貞女烈婦；涉足濁世卻又保全「清白」，卻不是哪個人都敢於輕試。叔子、季子正以為他們的兄長選擇的，是一條更為艱難的路。

最令伯子的親人痛徹肺腑的，是那種死的慘酷。當遺體歸殮時，「細驗隱處，瘡瘢跡皆是」（《先伯兄墓誌銘》），以至伯子之子世傑搥胸頓足，痛不欲生，終因自虐而死，這也就是叔子所說的「二旬之間，父子並命」（《祭伯兄文》）。那年世傑不過二十三歲。

易堂諸子持久地體驗著伯子被虐殺的餘痛，這父子的血，不能不令他們自覺創巨痛深。

儘管李騰蛟已於九年前去世，而伯子對於易堂的活動並沒有多少參與，伯子的死對於易堂，仍然有非比尋常的嚴重性。丁巳也像是個不祥的年頭，由這一年起諸子死喪相繼，終於使得易堂不再成其為易堂。

因了伯子的死，諸子與三藩之變的關係，愈加見出了詭異。康熙十五年梁份為韓大任向吳三桂乞援，十六年韓大任殺伯子。諷刺來得如此突兀與嚴峻，由叔子、梁份遺留下來的文字，你無法知曉他們對此是何種心情。伯子固然不應當遭此報，梁份、叔子何嘗應當遭此報呢！或許真的如彭任似的置身事外，才稱得上明哲？

乞援不消說為了復明，招撫則為保全民命。上文已經提到，在此期間諸子及其門人的努力，可能是在不同的方向上，背後有著士人（尤其其中的遺民）處清初之世的矛盾態度──既沒有放棄「復明」，又力圖「弭變」、「安民」。其實不惟伯子，其它諸子的心跡，何嘗不也難明！

甲申、乙酉後的那段時間裏，士人於出世、入世間所遭遇的倫理難題，所承受的道德壓力，確也非平世所能想像。那是一種非常具體

的、深入到了日常生存的困境，無關痛癢的後人，卻像是只能抽象地論說，難以感同身受。魯迅為柔石的《二月》作「小引」，說「濁浪在拍岸，站在山岡上者和飛沫不相干，弄潮兒則於濤頭且不在意，惟有衣履尚整，徘徊海濱的人，一濺水花，便覺得有所沾濕，狼狽起來」（《三閒集·柔石作二月小引》）。生活在三百年前明清之際的士人，無論是弄潮還是徘徊於岸邊，「沾濕」幾乎在所難免。叔子也說，「袖手則不仁，濡足則不知」（《與李元仲》，《魏叔子文集》卷7）。他似乎想自處於「不袖手不濡足」之間，而這「之間」的位置，又是多麼難以確定。

但魏氏叔季確也不曾更深地捲入政治，也就不曾被「點污」，因而是更單純的意義上的「志士」，更詩意的「志士」。方以智的感動於「易堂真氣」，多少也應基於這一種比較的吧。在方以智、陳恭尹的眼裏，魏氏兄弟確也應如一泓流泉，清淺得可喜。叔子的被時人以至後人目為「志士」，與其說由於他的行事，毋寧說因了他的表達。叔子的動人處，更在呈現於文字的對於志士人格的塑造，在他那富於感染力、感召力的性情，他的熱忱與真摯。叔子並不曾經歷過有如方以智、陳恭尹所經歷的大苦難，大危機，這也使他能用了赤子式的眼神看世界，在人倫關係中，保持了一種單純的態度。其間翠微、易堂之為遮罩、保護，是無疑的。

33

我不能不感興趣於三魏間兄弟情的表達。叔子曾經致書彭士望，說自己與伯子、季子，「老年兄弟，且夕不能暫離」，又說到兄弟三人「決計合葬勺庭屋內；或死他處，亦必啟棺相就」，以便三人的「神明」即使死後也仍然能「相依」（《與彭躬巷》）。這更像是叔子的主

意。叔子還說，「吾兄弟既定葬勻庭，便欣然有夕死可矣之意」，接下來的小小難題，是如何處置叔子之婦，因為這婦人決心從其夫葬在勻庭。於是就有了如下方案，即，倘若此婦死於山，即附叔子之左，「當勻庭之房，生時偕寢處」；倘死於山下，則妯娌們就葬在一處。叔子所希望的，自然是前者，說「雖然，柑吾為便」（《書伯子示傑、儆等疏後》，《魏叔子文集》卷 13）——不但對於身後是否兄弟在一處，而且對於夫婦是否在一處，甚至葬處與生前「偕寢處」是否對應，都很在意。由上述計慮的周詳，可以相信至少叔子本人對此是認真的。這年（康熙十四年）距伯子之死，還有兩年。

「情之至者，一往而深。」（黃宗羲語）叔子曾引了伯子的話，說「情者，天地之膠漆。天地無情則萬物散，萬物無情則其類皆散」（《耒湖詩集序》，《魏叔子文集》卷 10）。叔子自己說「平生固不敢輕用其情」（同書卷 14《祭處士塗允恒文》），又說：「天下之害生於不及情，不生於過情」（卷 13《書計甫草思子亭卷後》），還說「生平於天性骨肉間，情至不可解」（《伯子詩鈔引》）。其實易堂之聚，也賴有此「情」，並不止憑藉了抽象的「道義」。

倫理經驗到了深切處，不免要遭遇表達的困難。丁巳那年，伯子死前的幾個月，叔子曾寫信給他的兄弟，引了蘇轍獄中寄蘇軾的詩：「與君今世為兄弟，再結來生未了因。」（《寄兄弟書》）倘若對於來生不敢期必，合葬勻庭，就不失為一種選擇——這至少是可以由家族中人執行的。你不妨承認，叔子所設計的合葬，至少具有「表達」的有效性。兄弟而纏綿至此，像是也不多見。

叔子死後，由季子主持，與其婦合葬在了寧都南郊下羅坪始祖墓旁（《先叔兄紀略》），並沒有踐行兄弟同葬勻庭的前約。但季子不曾忘卻「吾兄弟三人，再世當復為兄弟」的話（《祭伯兄文》）。晚年的季子承認兩兄不得返葬「故山」，違反了「勻庭初議」，作為補救，決

定以勺庭為他們兄弟的「享室」,「子孫讀書其中,長依祖父神爽,享
山林靈秀之氣」(《書伯子示傑傲等疏後》,《魏季子文集》卷 11)。此
堂終於在季子去世後建成,只不過非勺庭原址而已。魏世傲的一篇
《享堂記》,可以讀作對其父命執行情況的報告。據經手營造的世傲
說,山中之屋,此享堂為最高,「飾以蜃灰,百裏內咸望見之」。兩代
人對那約定都鄭重不苟。

　　所謂「至情」,似乎也惟生死可以形容。叔子曾撰寫《告玄帝
文》,意在為伯子祈福禳災,文中表示「願捐已祿」,益兄之壽(《魏
叔子文集》卷 20)。祭伯子時,他還回憶起了伯子早年的話,即倘若
有一天為賊所執,他會要賊殺了自己以活叔子,因叔子「於世為有用
人」。

　　季子五十歲那年叔子作序,說:「吾兄弟三人如一身,自幼至老
如一日。」(《季弟五十述》)哭祭伯子,他說的仍然是「吾兄弟三人
如一身」(《祭伯兄文》)。季子也說兄弟三人「如影之隨形,響之答
聲」(《答山西侯君書》)。叔子論兄弟一倫的重要,將道理說得很平
實,「蓋如兄弟三人,損失一個,則天地之內,止有兩個,任他萬國
九州若億若兆人,再尋一個來湊不得」(《裏言》)。其實「湊不得」的
不止兄弟。

　　上面的說法還不免抽象。叔子更寫到兄弟三人山居之日,「形影
不離,春秋佳晨,講論談笑,窮日夜不休」(《祭兄子世傑文》,《魏叔
子文集》卷 14)。季子也說兄弟三人常常「讌笑」直至夜深,母親因
了叔子體弱,催迫他們就寢,仍「各依依不能去」(《先叔兄紀略》)。
辛亥二月,叔子在揚子江的舟中為季子的文集作序,記季子歸自華
山,兄弟夜間飲酒,讀季子所作西行詩,叔子「引手捋其須」,提及
兒時瑣事,相與大笑,其樂融融(《季子文集敘》)。季子則記自己在
客舍侍叔子疾,「時天寒大雪,北風鼓窗紙,屋瓦丁丁有聲」,季子燒

了紅燭，朗誦友人的詩，叔子臥而聽之，「到其警秀之句，未嘗不撫枕而笑」（《王半臾詩序》），（魏季子文集）卷 7）。所謂「兄弟怡（《先叔兄紀略》），並沒有踐行兄弟同葬勺庭的前約。但季子不曾忘卻「吾兄弟三人，再世當復為兄弟」的話（《祭伯兄文》）。晚年的季子承認兩兄不得返葬「故山」，違反了「勺庭初議」，作為補救，決定以勺庭為他們兄弟的「享室」，「子孫讀書其中，長依祖父神爽，享山林靈秀之氣」（《書伯子示傑傚等疏後》，《魏季子文集》卷 11）。此堂終於在季子去世後建成，只不過非勺庭原址而已。魏世傚的一篇《享堂記》，可以讀作對其父命執行情況的報告。據經手營造的世傚說，山中之屋，此享堂為最高，「飾以蜃灰，百裏內威望見之」。兩代人對那約定都鄭重不苟。

所謂「至情」，似乎也惟生死可以形容。叔子曾撰寫《告玄帝文》，意在為伯子祈福禳災，文中表示「願捐已祿」，益兄之壽（《魏叔子文集》卷 20）。

祭伯子時，他還回憶起了伯子早年的話，即倘若有一天為賊所執，他會要賊殺了自己以活叔子，因叔子「於世為有用人」。

季子五十歲那年叔子作序，說：「吾兄弟三人如一身，自幼至老如一日。」（《季弟五十述》）哭祭伯子，他說的仍然是「吾兄弟三人如一身」（《祭伯兄文》）。季子也說兄弟三人「如影之隨形，響之答聲」（《答山西侯君書》）。叔子論兄弟一倫的重要，將道理說得很平實，「蓋如兄弟三人，損失一個，則天地之內，止有兩個，任他萬國九州若億若兆人，再尋一個來湊不得」（《裏言》）。其實「湊不得」的不止兄弟。

上面的說法還不免抽象。叔子更寫到兄弟三人山居之日，「形影不離，春秋佳晨，講論談笑，窮日夜不休」（《祭兄子世傑文》，《魏叔子文集》卷 14）。季子也說兄弟三人常常「讌笑」直至夜深，母親因

了叔子體弱，催迫他們就寢，仍「各依依不能去」（《先叔兄紀略》）。辛亥二月，叔子在揚子江的舟中為季子的文集作序，記季子歸自華山，兄弟夜間飲酒，讀季子所作西行詩，叔子「引手捋其須」，提及兒時瑣事，相與大笑，其樂融融（《季子文集敘》）。季子則記自己在客舍侍叔子疾，「時天寒大雪，北風鼓窗紙，屋瓦丁丁有聲」，季子燒了紅燭，朗誦友人的詩，叔子臥而聽之，「到其警秀之句，未嘗不撫枕而笑」（《王半奧詩序》），（魏季子文集）卷 7）。所謂「兄弟怡怡」，在此種日常情境中，在對此種日常情境的敘寫中。魏氏兄弟固然有「至情」，確也善於自寫其情。正是這情，使得他們的敘述潤澤豐腴。

伯子死的那年，曾與叔子在異地相見，像是無以表達驚喜之情，伯子對於他的兄弟，不但「鼓掌大笑，拍肩執手」，而且「白面及背，周身撫摩，若慈母之獲愛子」（叔子《祭伯兄文》）。兄弟之間親昵至此，確也如季子所說，纏綿「膠固」，「幾幾於兒女子之私」（《叔兄五十一歲序》，《魏季子文集》卷 7）。「三魏」的兄弟情誼，似乎只有用了男女私情方能形容，在三個漢子，也算得上異稟的吧。季子說兄弟而為「至友」，「心曲」沒有什麼不可以述說的，卻更有忘言之時，只一片欣欣之意瀰漫其間（《奉懷叔兄在水莊》，同書卷 2）。極盡形容又像是無可形容，季子也如叔子一樣，對這一種關係，滿足而又懷了感激。

北方遺民孫奇逢也篤於兄弟，由鹿善繼的《孝友堂讖語》（《認真草》卷 8）看，孫氏四兄弟志趣之一致，正如寧都「三魏」。那個時期兄弟的故事傳在人口的，還有姜埰、姜垓。動盪，流離，或也有助於家族內的凝聚，加深骨肉間的同命運感。方以智就說過「天倫師友，群居麗澤，一室自娛，詩書交古……」（《讀書類略》，《通雅》卷首之三）。魏氏兄弟也有志於成所謂的「一家之學」。這一種情況，多

少令人想到魏晉。然而除了個別事實（如方以智父子、黃宗羲兄弟），明清之際並不曾重現「家族學術」興盛的局面。這與世族的衰落、與理學門派的興起，都應當不無關係。

叔子曾對人說，「吾生平人倫之樂，人罕有及者。蓋內以父為師，以兄弟為朋友；外以師為父，以朋友為兄弟。」（《門飛人楊晟三十敘》，《魏叔子文集》卷 11）中國士大夫的烏托邦，其特徵首先不在豐足，而在和諧——這也是宗法社會久遠的夢境。

魏氏的兄弟之情不止於「怡怡」。彭士望就說過叔子「於伯、季強諫極言，無微不盡，伯、季之於叔子亦然」（《祭魏叔子文》）。魏氏兄弟彼此匡正，也有好文字，如叔子的《與季弟書》。

是兄弟，又是朋友；朋友如手足，手足則似知交。叔子《祭伯兄文》說到伯子曾有詩寄給他，其中就有「豈徒至性為兄弟，竟自神交託友生」的詩句（該詩收入《魏伯子文集》卷 8，題作《睡醒念及凝叔吹燈作此》）。「兄弟」，「友生」，其為倫理意境，一向被認為可以相互補足。叔子說自己與彭士望交，「雖一父之子，無以過也」（《彭躬巷七十序》）。友情之深到了極處，非「兄弟」則不足以喻之；兄弟情深，又只能比做朋友。上文提到過的金聲卻有異議，他以自己與熊開元為例，說「兄弟」、「骨肉」並非就是友情的極致，「同一父母胞胎而出」，到了「分田宅畫財產」，就「不能無異意」（《壽熊母李孺人序》，《金忠節公文集》卷 7）。「三魏」「兄弟怡怡」的圖畫，倘若置於其時士人所經受的倫理危機的背景上，才足以令人稱羨。那個時期並不缺少兄弟鬩牆的故事。出自對世情的洞悉，也如處朋友，魏氏兄弟未必沒有矯俗的念頭。叔子說：「五倫於今，惟兄弟最薄。」（《裏言》）還說，「篤兄弟為世所難能，有甚于忠孝者」（《蕭小翮五十敘》，《魏叔子文集》卷 11），「甚有結契於朋友，而仇讎於骨肉者」；離間「兄弟之愛」的，通常就是「財利之物」（《同卷《程楚臣六十

敍》）。回頭來看魏氏兄弟的析產，的確屬於明智之舉。

　　但我仍然願意相信，這種幾無任何縫隙的過分完滿的友情、親情，更是賴文字營造的。叔子對於倫理以及審美意義上的「完滿」的追求，像是永無饜足，未見得不也出於對倫理關係的脆弱性、生命的易碎、情感的易於流失的警覺。我甚至以為那些如歌的訴說中，埋藏了恐懼。不斷地訴說，更像是為了保有，以言語、文字捉牢，緊緊地攫在手裏。

寧都‧冠石

34

次日仍淅淅瀝瀝不止，真的如這裏的朋友所說，江右的雨，下得很耐心。

由公路走下草叢中依稀可辨的小徑，雨下得更緊。我們打著傘，由水淋淋的草中膛過，在小徑被雨水淹沒處停了下來。過後想到，是否應當由草中水中膛過去，去看冠石、東岩。依了攀援三嗷峰的經驗，我其實不知道親歷其地或中途而返，利弊若何，卻仍對不曾膛過那段灌了雨水的小徑懷了遺憾。當我們轉身走回汽車時，我應當想到，我不大會再次來到這條小徑上。帶我們來的李先生說，他是根據地圖由公路找到這條小徑的。

由冠石到翠微、三巘，不過三四里，肯定有其它路可通。但我想，即使林時益當年所走並非這條路，他也一定無數次地在山間的雨中走過，蓑衣斗笠，或許還負了茶籠；而那些「冠石子弟」則赤著腳踏過積潦。

乾隆四十七年刊本《贛州府志》卷 6《山川志》：「冠石在縣西十里，由長庚橋西入，環山麓皆植茶樹。有一石，上高下平，若進賢冠，又名紗帽峰。左曰東岩，右曰紫雲峰。」李先生說，冠石一帶地勢較翠微、三巘為平衍，與我由文字中得到的印象一致。林時益的由翠微峰遷到這裏，多半因了此地宜於耕作，也可免去一點攀登陡峰的

辛勞。但李先生告訴我，這裏因為是常年積水的冷漿田，已無人耕種，一片荒蕪。

順治十二年（乙未）除夕，林時益住進了冠石的新居，算一算自己客居寧都已十一個年頭（《乙未除夕同吳子政始入冠石草堂……時婦子在南湖》，《朱中尉詩集》卷 3）。他對這居所顯然很滿意，在《冠石草堂》那首詩中說：「不復障吾目，悠然此戶庭。山高遲暮色，風遠到溪聲……」（同上）還說「柴門正對山空處」（卷 5《雜詠》），一望空闊，使他的心境為之而開。易堂中人並非都像魏氏兄弟那樣，樂於由超拔之境俯臨世界。平衍豁朗，或許更宜於林時益的性情？

由林氏的詩看，那時的冠石尚有「懸泉」、水池，而且有虎豹出沒。東岩色也近赤，岩下有梅，淡香疏影，林氏曾在這裏飲酒賞花，杖藜訪友（同書卷 3《飲東岩梅下罷過樹廬》）。林氏也如叔子兄弟，對花木有癖嗜，尤鍾情於梅花。明知別處的花與此處無異，仍然會怕因出門而誤了花期（卷5《同彭天若飲悠然亭看白桃花》）。

山中歲月自與平川不同。季子說：「山居面石壁，日月去我早。」（《偶然作》，《魏季子文集》卷 2）「文革」後期，我曾在京郊的深山中住過幾個月。山中日短，落日一銜山，谷中頓時暮色沉沉。林時益衰病的暮年，就在冠石這山間高地上度過。夕陽在野，那村落會是蒼涼而靜謐的吧。在我想來，那也正應當是林時益晚年的顏色。由易堂中人的記述看，叔子光明洞達，彭士望氣概豪邁，而林時益和易、堅忍、靜穆，確如暮色中的山野。

如果說叔子天然地適於通都大邑，那麼林時益或許更宜於鄉村。他說自己「近市情堪畏」，倒是荒山令他感到安全、安心──我想這是真的。

林時益在這片如今已廢棄了的土地上經營茶園的時候，曾經了三爛峰去訪翠微峰的叔子，事後懷了感激，提到叔子款待他的那道美

食，「肉糜」（《己亥正月十二日蚤同吳子政過嶺遲躬蕃友兄登翠微峰訪魏叔子季子⋯⋯》）。叔子授徒水莊，林氏也會「輟鋤」過從，直到日落時分（叔子《林確齋四十又一詩以贈之》）。上文寫到諸子曾在翠微峰接待遠道而來的朋友，那是個美好的月夜，當時林時益新病，「菹火重絮從之，相與坐中夜乃罷」（《鄒幼圃來翠微峰記》）。曾燦也曾與林氏無語夜坐，看「遠林野火」，聽山鍾在風中迴響（《同林確齋夜坐》，《三松堂詩文集》卷6）。

易堂人物中，「冠石先生」林時益別有風味；由我讀來，那風味平淡而雋永。

其實林時益早已出現在彭士望挈家遷至寧都，與叔子相見於河干那一幕中，只是無論在魏氏叔、季還是彭士望的敘述中，他的身影都像是為彭士望所遮蔽，不為人注意罷了。即使在事後的追述中，叔子與彭士望也像是仍然沉浸在遭遇對方的狂喜中，無暇分神於同時到來的林時益。

接下來的事，見之於李騰蛟之子李萱孫的記述。萱孫說，他聽到父親的說法是，林氏初到寧都，曾「身雜傭保，治火藥諸什器」，李騰蛟遇林氏於客邸，「奇其精悍之色，因素目之，後遂為兄弟交」（《朱中尉詩集‧敘》）。林氏本人的說法與此相去不遠，也說自己當年曾「亂頭短後衣」，「執役混賤廝」（《己亥二月十五日同彭躬蒼陪黃介五陟峴峰⋯⋯》）。由此看來，林時益雖因彭士望而遷到了寧都，卻並未被及時接納。他是賴有自己的風采，吸引了後來同屬易堂的那班友人的。魏氏兄弟的不苟交，林氏的不苟與人交，於此都可以想見。

彭士望或許是那種令人過目難忘的人物，而林時益的魅力，卻要在平常日子裏徐徐釋放。要由此後的事情看，林時益在易堂中，才真的堪稱異數。他沒有彭士望、魏叔子的強烈、熱烈，卻也不像李騰蛟、彭任的面目中庸，而是以對其選擇的堅執，不溫不火地，將自己

與易堂的一班朋友區分開來。

　　林時益的特別，自然也因了他的宗室身分。他是所謂的「奉國中尉」。他的易堂諸友像是很在意這身分，叔子為他撰傳，題作「朱中尉傳」而非「林時益傳」，就可以證明。王世貞說：「國家待宗室，自親王至中尉凡八等。」（《策》，《明經世文編》卷 335）「親王之支子，尚得為郡王；郡王之支子，始為鎮國將軍，從一品。鎮國之子為輔國，從二品。輔國之子為奉國，從三品，皆將軍。奉國之子為鎮國中尉，從四品。鎮國之子為輔國中尉，從五品。輔國之子為奉國中尉，從六品。自是雖支庶皆得稱中尉，不為齊民。」（《同姓諸王表序》，同書卷 333）經了二百多年宗室的繁衍，到明末，「奉國中尉」正不知有幾何；但此「中尉」確有不同於他「中尉」者，因而像是獲取了專有「朱中尉」一名的資格。當然，刻意提示宗室身分，也為了表達對故明的懷念。不知易堂諸子是否確也時時意識到其人之為「朱中尉」的？

　　林氏原名朱議霶，字作霖，「國變」後更姓林，字確齋，句容人。據叔子說，直到明亡，「寧藩支子孫」橫暴依舊（《朱中尉傳》）。其時的奉國中尉朱林時益像議霶，當屬於宗室中寥若晨星的賢者。李萱孫說，當明亡之際，林時益曾受其父之命，與「奇材劍客、四方負異奇傑士」遊，「慨然有當世之志」（《朱中尉詩集‧敘》）。林氏未必沒有政治才具。《寧都縣志‧林時益傳》，說他曾佐其父治邑，「老胥驚服，奸不得行」。九子中，說得上有「家國之恨」的，只是林時益與曾燦；林、曾的詩文，對此卻並不渲染，未知是否因了禁忌。林時益的詩作中，寫到這段慘痛經歷的，只有五律一首，題作「乙酉夏艤舟梁家渡，約六弟偕上，而六弟即是秋與七弟病死梅川；戊子，陳氏姊避兵死西山；今乙未，蕭氏姊又墜樓死。先君之子十二人，存者僅高氏姊及予二人而已……」（《朱中尉詩集》卷 3）由此可知，林氏的

六弟、七弟，是隨他到了寧都（梅川）後病死的。或許正因有如此傷痛，才更有林時益那一種含了堅忍的平淡的吧。

天崩地坼的歷史瞬間，宗室的命運，是另一個有趣的題目。明宗室成員的應對，大可與清末、民初的另一宗室相比較，其間有多少可悲可笑、令人心酸、令人心情複雜的故事。林時益的故事卻很平常。這故事的最重要的情節，竟是攜家到冠石躬耕。叔子寫他所見冠石，「雨後泥侵屐，山深花落鋤」（《冠石草堂值溫晉上》，《魏叔子詩集》卷 6），說得很親切。對於通常文人筆下的「躬耕」切不可當真，以為其人真的躬操耒耜。那多半不過是一種詩意表達而已。但林時益的種茶製茶賣茶，卻是真的。即使不能親自運鋤使犁，他也常常手持長鑱，製茶之外，似乎還曾放牧（《牧》，《朱中尉詩集》卷 2）。既然能「身雜傭保」，從事賤役，躬耕在其人，想必不需要下很大的決心。雖然是所謂的「天家之子」，林時益卻像是天然地不恥於勞作。他的冠石耕山，未必自以為紆尊降貴，如人們設想得那般痛苦。其實不惟明末，即清末也頗有此種故事，足以為困境中人的生存能力作證。

關於林時益的冠石種茶，叔子的敘述是：「既曰貧，中尉曰：『不力耕不得食也。』率妻子徙冠石種茶。長子楫孫、通家子弟任安世、任瑞、吳正名皆負擔，親鋤畚，手爬糞土以力作，夜則課之讀《通鑒》、學詩，間射獵、除田豕。有自外過冠石者，見圃間三四少年，頭著一幅布，赤腳揮鋤，朗朗然歌出金石聲，皆竊歎以為古圖畫不是過也。」（《朱中尉傳》）你在這圖畫中看到的幾個青年，即下文將要講到的「冠石子弟」。他們不是林氏的「隸農」，而是助其耕山的子弟門人。

林時益的以宗室身分而從事墾殖，令人想起老舍筆下那些順應時世而調整了自己的旗人貴族。或許因了對於老舍的閱讀經驗，在我看來，那是一種尊嚴的姿態。林氏也正如老舍的那些人物，縱然從事

「賤業」(「身雜傭侜,治火藥」等),也仍然將那份教養、才情寫在眉目言動中,令人不忍也不敢輕薄。

李萱孫說,遷居冠石後的林氏,「常至江南,欲渡淮而返,間走一二百裏,負茶自賣之」(《朱中尉詩集‧敘》)。上文已經說到了諸子的謀生之道,與諸婦的辛勞。由林氏的詩大致可以相信,他以自己的躬親勞作,與其婦分擔了物質生存所不可免的瑣碎。

35

也如這一種人家的子弟,林時益「幼奇慧」,精於棋,善草書,能詩,到了自食其力的時候,所制的茶也非俗品。冠石的林時益種的是茶,而非薯、芋(儘管也可能同時種了薯、芋)。易堂中人所寫關於林氏的文字,似乎也要寫到了其所制的茶,才滋味醇厚,文字間像是飄散了一層茶香。那是一種生活的氣味,有可能是林氏──其時他還叫朱議霶──曾經熟悉、寢饋其間的。

在那個時代的士大夫,茶品中有人品,張岱、冒襄一流人,於此最能精賞:那是一種訓練得極精緻的知覺與審美能力。我猜想,即使林氏自己負了茶去求售,那心情肯定也與尋常茶農或茶商有所不同。至於遺民而種茶、製茶,風味更與平世有別。傳狀中的林時益,平和樂易,倒可能正因了其背景中、骨子裏與俗人的這一點不同。據說林氏「以意製茶」,也正是將有關的工藝過程當成了創作,更近於文人行為。至於林氏所制「林茶」,倘若真的如諸子所說的那樣,當屬茶中「逸品」的吧。

落魄之際荷鋤運錨,其它人未見得不能,而當此際仍然能沉湎於創造,必定是素有才情風致的文人。遺民中另如巢明盛的葫蘆工藝(《思舊錄》,《黃宗羲全集》第 1 冊),周唯一的製作竹木器具(《余

若水周唯一兩先生墓誌銘》，同書第 10 冊）──你只能說，慧業文人
即使在生存的艱窘中，也不至磨滅了創造熱情與靈氣。那些葫蘆、竹
木製品也是一種詩，呈現以實物形態的詩。林時益也如是。種茶，尤
其製茶，是生計，也是人生創造，猶如曹雪芹的製作風箏，風雅寓於
技藝。

　　林時益似乎樂於被方以智指為「茶人」。他也自居茶人，說「茶
人最愛春山晴，二月三月雨淋鈴」（《癸卯三月送魏叔子之高
郵……）,《朱中尉詩集》卷 2），還曾在詩中寫到製茶工藝。製茶畢
竟不同於飲茶，如周作人所寫的那樣，於「瓦屋紙窗之下，清泉綠
茶，用素雅的陶瓷茶具，與二三人共飲……」（《雨天的書‧喝茶》）。
叔子寫危習生的製茶：「當春之穀雨，茗柯萌芽，雨晴間作。日蓑笠
採摘，夜則立茶灶至日出。武火赤釜，手親釜籤弄，十指皮激起，如
被炮烙」（《危習生遺詩序》,《魏叔子文集》卷 9）──林氏製茶的辛
勞，自然可以據此想像。林時益自己也曾在詩中，寫到過春末製茶的
徹夜不眠，「茅屋雞聲叫東日，鐙光猶向鍋頭炒」（《寄楷瘦瓢冠茶為
謝約齋先生五十壽》,《朱中尉詩集》卷 2）。所謂「林茶」，得之何嘗
易易！

　　乾隆六年刊本《寧都縣志》卷 6《人物‧寓賢》林時益傳，說冠
石「左有東岩，遍植桃李，春月摘茶時，如入桃源」；林氏「風韻瀟
疏，嘗布冠竹杖遊行岩壑間，歌聲出金石，荷鋤相和答，見者以為桃
源中人」。甚至叔子，也由自己的趣味，將林氏及「冠石子弟」的力
田詩意化了。雖則我在下文中還將說到，叔子並不就欣賞林時益的耕
山，李騰蛟也說「學圃非吾事」（《新春雨後督家僕治圃二首》,《半廬
文稿》卷 3）。

　　縣志中的文字力圖使你相信，冠石曾經有過一個真實的桃源故
事，其主人翁，即優遊林壑間的林時益。情況似乎是，林氏在世的時

候，冠石還不曾被目為「桃源」。林時益的桃源中人形象，是在他身後的敘述中生成的。邱維屏的形象也經歷了類似的製作。林時益本人並不鼓勵這樣的想像，他以他的誠樸，示人以他的生活本有的顏色，甚至給你看到了泥灰剝落的牆皮。

在我看來，「九子」中，惟林時益近俗，最貼近「日用常行」的世俗人生。易堂諸子存留至今的文字中，林時益的那部《朱中尉詩集》，有較之其它諸子的文集更為具體的有關日常生活的描寫。倘若沒有這些樸拙的詩句，你將難以想像那生活的物質細節。像「湖上借得破鍋誌喜」、「蔡立先雲藤枯不任曬菜而斷感賦」（按蔡立先，九江人，其時僑居冠石）一類詩題，在魏氏兄弟的詩集中，是見不到的。在我看來，林氏風味的醇厚雋永處，也在這份子易俗常中。詩也如其人，因了不自貴重，反而有了一種態度上的樸質自然。

山居苦雨苦風，躬耕又苦大水（《大水》、《大水過梓陂圩感賦》等，《朱中尉詩集》卷 1）。林時益曾因了水患，不得不挈家歸南昌（同卷《自梅川來南湖水破圩沒禾……》）。對於生活的艱困，林氏在他的詩中寫得很直白：「闔家二尺口，食米近一斗」；「長幼得十人，病者居其半」（《谷中九九詩》）。在這種匱乏的生存中，「寸布斗粟」也不免要計較，卻又自慚於這計較，想到了能令人鄙吝全消的黃叔度（黃憲）。季子惋惜顧祖禹「理米鹽淩雜，用函牛之鼎以烹雞」（《顧景範六十序》，《魏季子文集》卷 7），這一種支付於日常的代價，又該如何計量？

諸子當初的選擇翠微峰，未必不是為了間隔俗世，在這一點上，與同時陳瑚的居蔚村，初衷就有不同。伯子《翠微峰》一詩，有「麒麟終待聖，雞犬亦能仙」句，自注道：「偶有俗人附居」（《魏伯子文集》卷 7），自負竟至於此！林時益的冠石耕山，而與野老樵夫為伍，由這一點看來，也像是甘於頹唐。

　　林時益似乎的確能和光同塵，晚年的神情，可用了「沖夷」形容。李萱孫《朱中尉詩集‧敘》說，歲時里社，林氏居「農牧樵販」間，而「農牧樵販」們卻不識其為誰何之人。季子之子世儼也說，因林時益平易，得鄉人心，雖冠石的山不險，卻仍然能得安全。還說林氏死的那天，「鄉人執事送喪者盈於道」（《哭林確齋先生文》，《魏敬士文集》卷 6）。大約就依據了這些，縣志有林氏「性喜苦酒，對客飲輒頹然自醉……市人孺子皆敬愛之」云云。

　　貴遊子弟，曾鐘鳴鼎食過的，當著天地翻覆，或者率先摧折，挺了過來的，往往有較之常人更韌的生命力；而又因曾經滄海，對世俗榮利倒是更能超然。林時益的淡泊與達觀中，或許就蘊有這種平淡的智慧。他的移居，種茶，不妨看做一種象徵：返回自己選擇的生活軌道。

　　「豫章叢書」林時益詩集卷首叔子的《朱中尉傳》，以林茶作「林界」。其時有名茶曰「界茶」，產浙江長興縣，因種者為羅姓，亦稱「羅茶」，頗為名士所稱道。「林茶」像是沒有這樣的幸運。季子說林氏死後，「茶亦不能行，將廢業矣」（《與丁觀察書》，《魏季子文集）卷 8）。由伯子的書劄看，林氏生前，那茶已「不行」。而乾隆六年刊本《寧都縣志》，仍然說林氏所制茶，「四方爭重價購之」；《寧都直隸州志》也津津樂道所謂「林茶」——不消說抄自舊志。你難以知曉道光四年《州志》刊刻時，情況是否仍如所述；倘若林氏的後人放棄了這營生，又打從什麼時候起。茶亦有「命」。文化史上本不乏人琴俱亡的事實。這裏有常見的技藝的命運。不知那些偶而來到冠石的人，是否還能隔了遙遠的歲月，由空氣中嗅到一縷茶香的？

　　叔子自己說「性不飲茶」，遊五老峰，不免辜負了「匡廬第一泉」（《寒泉精舍懷石公兼酬元韻》自注，《魏叔子詩集》卷 7）。對於茶的鑑賞能力，確也有待於物質生活條件與文化氛圍的陶養，只能是某

類士人的專利。不飲茶、不懂得茶藝的叔子，自然難以領略林時益種茶製茶中包含的雅趣，那一種細膩而清幽的風味。林時益在這樣的友人間，也會感到落寞的吧。

36

林時益不同於他的易堂朋友的，還有晚年的持齋念佛。邱維屏撰文祭林氏，說其人「先此幾二十年已嘗素食，日誦梵咒」（《易堂祭林用霖文》，《丘邦士先生文集》卷 16）。林時益則自比「散木」，無所用於世，也無所求於世（《章江舟次酬閔用昭》，《朱中尉詩集》卷 1）。

伯子曾因孫無言「日日言歸，更十載而竟未之得歸」，說到「隱之至難」（《贈孫無言歸黃山序》）。林時益的冠石耕山，不但安於貧賤，而且安於寂寞，較之同堂的魏氏兄弟、彭士望，所為也「至難」，非有他那種強毅、堅忍則不能——卻像是並不被朋輩由這一方面欣賞。魏氏兄弟所失望於林時益的，就應當有世俗所樂道的「林下風致」。叔子《朱中尉傳》說林時益「近十餘年，益隱畏務，摧剛為柔，儉樸退讓……晚又好禪，嘗素食持經咒，尤嚴殺生戒，見者以為老農、老僧」。

彭士望《祭魏叔子文》，寫到當叔子、季子年方壯，常許為林氏死；到林氏老病，「專藝植，逃禪，不留意世事，叔子曰：『吾向許君死，今不為君死矣。』確齋安之」（按確齋即林時益）。在我看來，這件事上，無論叔子或林氏，都氣象闊大光明。林時益本人何嘗沒有「久隱苦窮隘」的感慨（《春日山中懷周伯恒憲使》，《朱中尉詩集》卷 1）！歲月與日常生存的消磨令人麻木。對著懷有遺民心事的僧人，他也曾感到過愧惡（《送匡公還九奇峰》，同書卷 3）。

林氏堅持自己的人生選擇，卻無妨其篤於友情。他曾在詩中一再

敍述與易堂的因緣。由與易堂的關係這一面看，林氏不能像叔子、彭士望似地擁抱，也不像曾燦的遊離，卻以他的方式，表現出了平靜而柔韌的，對於友情的堅守。

林時益與諸子交，實在算得上初終不渝。伯子曾對子弟們說，他的這位老友住在冠石二十餘年，因了為兒子完婚而挈家回南昌，在南昌發病，沒有來得及行禮，匆忙離別了妻子而趕回易堂，說：「吾病恐死，欲死於吾朋友。」更令伯子感動的是，林氏在自己的詩中，卻「不作矜重激切之詞」，比如不像別人那樣，「重言朋友，則務必輕言妻子」——伯子由此而更加領略了其詩其人的「深厚安雅」（《與子弟論文》，《魏伯子文集》卷4）。

僑寓寧都期間，林氏曾數度返回南昌，每一次都去而復來。「康熙七年，詔故明宗室子孫眾多，有竄伏山林者，悉歸田廬，姓氏皆復舊」，而林氏「寄籍寧都久，不樂歸」（《國朝先正事略》第1038頁）。他早已將贛南這一片土，認做了埋骨之處。

林時益病肺，且有消渴疾。方以智在冠石，曾「即茶說法」，向他講授為學及生存之道（《己亥季夏郭家山呈別木大師》）。林時益晚年的奉佛，或也因了方以智的啟發；而在方氏，則未必不是因病施藥——方以智本通醫術。遠山疏林，落照暮煙。衰病的林時益，只能任歲月由禾稆間流過，由岩下梅花、陂上茶樹間流過。

由叔子的《朱中尉傳》看，林時益原是豪傑之士。叔子說林時益居冠石種茶，「酒後亦往往悲歌慷慨，見精悍之色」。林氏本人則一再提到杜甫的所謂「斫地歌」，應當就是那首「王郎酒酣拔劍斫地歌莫哀，我能拔爾抑塞磊落之奇才」（《短歌行贈王郎司直》）。當著酒後，坐在「農牧樵販」間，林氏的豪傑神色，或許如雲際中電光的一閃，只是不為遲鈍的鄉民察覺罷了。

37

　　隱，是要有條件的，並非誰人都能。林時益說「諸子成吾隱」
（《乙未除夕同吳子政始入冠石草堂……》），這「諸子」，就是叔子所
描畫的那幾個追隨林時益且耕且讀、被稱做「冠石子弟」的少年，林
時益的兒子楫孫（舟之），易堂門人吳正名，和來自九江的任安世、
任瑞叔侄（《翠微峰志》以二任為堂兄弟，誤）。任氏世襲九江衛官，
這兩個少年是由倖存的長輩帶到寧都來的。

　　任氏叔侄的事，季子記之甚詳（《送任道爰同諸子幼剛歸九江
序》，《魏季子文集》卷 7）。據季子說，任安世隨林時益耕山的時
候，還不到二十歲，「學力作，暑雨勤不怠」。到季子撰寫《任氏遷家
序》，二任、吳正名住在冠石已三十餘年，且「各成家室，長子孫」。
僅由幾位「冠石子弟」，也不難想見林時益的人格感人之深。

　　在易堂先生們的筆下，這是幾個生龍活虎、耐勞苦的少年，他們
「負耒誦經，日作宵誦」（《與王乾維書》，《彭躬巷文鈔》卷 1）。林
時益也有類似的描寫：「出門俱秉耒，入夜始橫經。」（《冠石懷道爰
兼示楫孫》，《朱中尉詩集》卷 3）對任姓少年，林時益尤其充滿了愛
意，記述不厭其詳。

　　這批生長於艱難歲月的少年，與他們的父輩已有不同——尤其生
存能力。他們長在山中，各各練出了好身手。彭士望那篇《易堂記》
極寫山行的艱難，他人視為畏途，而「諸子矯捷者，間避潦著屐行石
中，或自負物，冠石子弟為尤健」。你不難想像幾個包著頭帕的年輕
人，猿猱般在山石間疾行。季子說二任「蓬頭跣足，手泥土，身短後
之衣，時負木榷入城市，視之直與深山傭奴等」（《送任道爰同諸子幼
剛歸九江序》）。諸子未必能這樣放下身分，當著從旁觀看時卻不無驚
喜。只不過這些著了鞋或木屐的前輩，讚歎著赤了足的子弟們矯健的

身手，用眼光愛撫著那舒展有力的身姿時，不免將少年們的生活詩意化了。

林時益的兒子楫孫死於甲辰那年（康熙三年），是易堂子弟、冠石子弟中最先死者，或許也是易堂兩代人中的先死者。那年他二十七歲。據季子說，林楫孫是死於勞作的（《林舟之碣文》）。倘若真的如此，自然應當看做林時益冠石耕山的一份代價，也令人瞥見了那幅「古畫圖」背後的血淚。儘管這時吳姓、任姓少年都已在當地成家，「相與戮力耕山如故」。

孫奇逢舉家遷到輝縣，曾令諸子侄「學稼」。屈大均、張履祥的文集中，都有從事農務、園藝的記述。但我猜想那多半是所謂「課耕」，率僮僕或督佃農耕，胼手胝足、「暑雨勤不怠」的，只能是「冠石子弟」一流人物。

彭士望《與王乾維書》中說到，「弟今歲傭耕魏善伯田於草湖」，門人「率健僕身親力作」。或許諸子的生計部分地賴「子弟」（主要即門人）的勞作，不獨林氏為然。季子到了晚年也移家城中，留在山中的，是「冠石子弟」。將山中歲月當做了生涯的，只能是也不能不是這些易堂後人。

叔子曾說自己「不能持鎛荷錢，作勤畦圃」（《內第二集自敘》，《魏叔子文集》卷 8）。他《題友人煙雨歸耕圖》，也說：「我欲持三尺耜，與汝耦耕，兩手無力，足不得行」（《魏叔子詩集》卷 2）。他將自己與「冠石子弟」比較，自說「生平一無所長」，即使避亂山中，也只能以「教授」為事，而「不能荷鋤把釣」（《與富平李天生書》）。但叔子未見得真的以「不能荷鋤把釣」為憾，他欣賞的是諸葛亮式的身在茅廬而熟於「時務」，對於僅以「謀食」為目的的「躬耕」，本不以為然。在《楊仲子躬耕圖記》中，他用了輕嘲的口吻，說幸而楊氏獨耕而非「耦耕」，「不使其友共為老農，與牛犢牧豎對」

（《魏叔子文集》卷 16）。他對於林時益晚年生活態度的失望，也應基於這種價值立場。

這是發生在鼎革之際的人生故事。在更大的變動到來之前，士夫及其子弟，不能不沿襲前輩的命運。冠石子弟的後代，想必不大可能保有亦耕亦讀的風雅，他們或困守田疇，或重返城市（也即「士林」），想來不會有別種命運的吧。

38

林時益死於康熙十七年（戊午）七月中秋之夕。叔子說林氏死，他曾「視疾三日夜，手親含殮，舉屍扶頭以入棺」（《哭塗宜振文》，《魏叔子文集》卷 14）。那天彭士望沒有來得及趕回，易堂同人中，在林時益身邊的，只有叔子和彭任。

此時的曾燦，正客居東南，尚無歸意。

當初林時益就不同情於曾燦的遠遊，說「為農方得耦，何以遂南行」（《己亥冠石送曾止山之舊京……》，《朱中尉詩集》卷 3）。其實人各有志，林氏的生活方式，顯然是不宜於曾氏兄弟的。叔子病逝的那年中秋，曾在鄧尉與曾燦聯榻夜話，其時彭士望父子也到了這裏，「故鄉親舊聚處於三千里之外」（魏世傚《曾若思二十序》），事後看來，像是冥冥中有所安排。

叔子去世後，曾燦不勝愴痛，最令他遺憾的，是自以為未盡「朋友終始之誼」（《哭魏叔子友兄文》，《六松堂詩文集》卷 13）。他一再說自己辜負了叔子的期許。他回憶起鄧尉的相聚，楓橋的話別，記起「楓橋聯床之夕，酒酣耳熱，慷慨言天下事」，當此之時，叔子鼓勵自己「愛惜軀命，早圖還山，以待上元，勿徒以貧賤困厄為戚」。言猶在耳，而斯人已逝，豈不痛哉！他還說到叔子死時，自己竟渾然不

覺，甚至夢寐中也不曾得到任何暗示，真的是見絕於此友了！

在這之前，曾燦就曾因了知交間的疏遠而黯然神傷，歎息著「如何三十年，志氣日枯槁。遂使金石交，反不如年少」（同書卷 2《長沙雜興》）。晚年的詩作，更是每有舊雨凋零的感喟。「故鄉良友歸山邱，碩果止存二三耳』」（同書卷 3《長歌送朱悔人遊長安……》）。他甚至歎息著「此生難報故人恩」（卷 7《長至前三日僑西城橋嬰奇疾頭大如匏……》），聽著清夜的柝聲，感慨於「世味」之冷、「交道」之薄，文字間瀰漫著頹唐的氣氛——叔子的期許，為曾燦造成了何等沉重的精神壓力，以至這一「友情債務」令其不勝負荷。

曾燦甚至夢中也聽到了友人的指謫與催促，魂魄為之不安（「昨夢山中友，言予不早歸」，卷 5《3p 尉山中歲除》）。在叔子那班人，還山，意味著回到正確的人生軌道，返回合乎道德的生活。曾燦卻以為吳越風土更適於他的性情。他甚至打算「買地三吳，挈家為終老之計」（卷 12《王春如詩序》、《謝畫也詩序》）。曾燦與其胞兄曾畹的氣質、作風，的確也更近於吳越之士。曾氏的漂泊東南，也如彭士望、林時益以外鄉人終老冠石，未為不幸，或許正是各得其所。而他的選擇遊幕，也如林氏的選擇耕山，可以理解為保有自己的面目，雖然這一選擇另有代價。無論曾燦還是林時益，不肯屈己從人，即使為知交責難也在所不惜，毋寧說證明了各自是性情中人。易堂諸子本有合有不合。在易堂長幼的筆下，曾燦因了生性坦白、無緣飾，縱然漂泊「乞食」，襟期也不曾失卻光明。

季子之子世儼是曾燦婿，此婿說他的岳丈「常以客為家，十數載始一歸」（《同蔡舫居祭外舅曾止山先生文》）。對於易堂，曾燦可能從來不曾準備「投身」其中，即以此友朋為性命。任何一個群體，固然有領袖、有中堅，也一定有被動的參與者、偶而的進入者。在魏氏叔季、彭士望所珍愛的這「堂」中，魏、彭佔據了中心位置，季子、邱

氏每有熱烈的應和，李騰蛟、彭任通常像是隱沒在燈火不到之處，而
曾燦則如夜行人，只是在途經此處時，為燈火與人聲所吸引，推門而
入，參與了一回議論而已。那燈火人聲也許會長久地留在他的記憶
中，他卻不會為記憶所魅惑，而將自己的「生涯」與這場所黏在一
起，而是任由實實在在的「生計」所左右，隨時將生命之纜係在那個
能帶給他滿足的地方。

　　陳恭尹晚年的「交接」，時人視為節操之玷的，通常被由陳氏的
政治處境的方面辯解，他本人卻提到了物質生活的壓力，即「生事日
繁」（《增江後集·小序》，《獨漉堂全集·詩集》卷 2）。論遺民操守
者所忽略的，往往也是這物質生存的方面。

39

　　易堂故事到了伯子之死，就有一點柱促弦急，動力像是消耗殆
盡，這期間即使另有波瀾，也不免平緩，如林時益的徙居冠石，如曾
燦的遠遊。在我讀來，愈趨平緩中，卻漸漸有了悲涼意味，若有寒霧
於水面上悄然升起。那是一種溫柔而感傷的悲涼。

　　至於發生在時間中的諸種細微的變化，即使閱讀「九子」的文字
於三百多年後，也隨處可以察知。叔子、李騰蛟討論蘇武別李陵詩，
有感於蘇武的「繾綣」，竟一致認為「華夷各君臣，中外仍朋友」
（《詠史詩和季咸齋》，《魏叔子詩集》卷 4）。這種話，似乎非遺
民——尤其明清之際的遺民——所宜言。

　　馮奉初撰寫陳恭尹傳，說三藩之變中一度入獄的陳氏，出獄後
「恐終不為世所容，乃築室羊城之南，以詩文自娛。貴人有折節下交
者，無不禮接。於是冠蓋往來，人人得其歡心。議者或疑其前後易
轍，不知其避禍既深，跡彌近而心彌苦矣」（《獨漉堂全集》）。在我看

來，更可能是一些較為方便的解釋。事實是，即使較之陳氏遠為頑強者，也不能免於時間中的變化。晚年的叔子就曾對友人說，「我輩抱大冤恨不得伸，孰有過於二三十年之事，今且一切放下，則又何事不可放下者！」（《答友人》，《魏叔子文集》卷7）

遺民中的後死者，有機會於康熙朝遭逢盛世，穀熟年豐，吏治清明，這對於他們，無疑是一種交織了欣喜與苦痛的經驗。叔子以他的誠實，無意於掩藏他的內心矛盾。他有《紀夢》一詩，語意隱晦，記他在夢中對亡父說，「今年天變良已極，時平物賤歲屢登」，說罷竟「不覺痛哭聲俱失」。同一首詩還記與諸生講學，自己由上座厲聲問一生：「汝今溫飽誰之德」（《魏叔子詩集》卷 5）——那麼究竟是誰之德呢？這詩中一大一小「兩日」的意象，尤其值得玩味。那「新日」的所指，是不難想到的。

晚年的季子也曾對友人說：「天下事且以不了了之，而吾之不了者，自有了之之道在。」（《與李元仲》）此劄作於康熙二十二年（癸亥）。魏世傚三十一歲那年，作父親的歷述他的這個兒子所經艱危困厄，說：「自茲三十年以往，天道更新，人事將休復，或者其有所待也。」（《魏季子文集》卷 12《長兒世傚三十一歲乙丑臘月示記》）

頑強如梁份者，也感歎著河清不可俟，引熊兆行（見可）的話，說「逆天之民，不得行其志」（《熊見可先生哀辭》，《懷葛堂集》卷8）。王猷定也慨歎著「仰視穹蒼，不知其所照臨者，竟何在也」（《祭尚寶丞劉公文》，《四照堂集》卷 11）。倘若真的以明清易代為「天意」，將賴什麼作為道義支撐？

但叔子、季子、梁份們，仍然屬於遺民中不易「銷鑠」者。梁份狀寫叔子「目光炯炯注射人雙眸子」（詳見下文），最是叔子晚年神情。晚年的季子也仍然以其紀年方式，明示了不曾放棄遺民身分，令人可感其人的「定力」。「與天地爭所不能爭」，正是遺民所以為遺

民,也是叔子之為叔子。遺民固然不能免於時間中的消磨,卻也有消磨不盡者。一代人的頑強執著,正在這類細小之處留一證據。

遺民承受著時間的逼挾,也以對時間的抗拒,作成反抗命運的姿態。此中固然有悲涼,卻也有英勇的吧。

40

發生在時間中的,有聚散,更有生死。伯子早就說過,「人生有大聚者,必有大散」(《寄世傑》,《魏伯子文集》卷 2)。大散無過於生死之際,這也是最終的散。

伯子死的那年暮春,叔子撰寫關於魏世傲《耕廡文稿》的文字,自署「勻庭老人」。就在這個春天,叔子住在廣陵山中,有書劄給他的兄弟,寫得極為動情。當時他借住僧舍,說「庵在萬山中,五里先後無人家,雞鳴狗吠之聲不至」,兩個僧人天黑就上床,一旦上燈,「傭奴」也倒頭便睡,自己曾「夜獨坐至四五十刻,一燈晃晃,萬籟寂寥,高誦秦漢人文字,邃谷流泉,若相響答」(《寄兄弟書》)。叔子文集中,寫給兄弟的,這是最長的一篇文字,迴環往復,情意綿綿,語氣卻已然蒼老,自說「須白齒豁」,「攬鏡自照,殊懷悽愴」。同年秋天,叔子在廣陵又見到王源,源年已三十,「頷下須已長四寸,目光閃閃逼人」,叔子不禁自歎其老(《信芳齋文敘》,《魏叔子文集》卷8)。這年他五十四歲。

很少有人能像遺民那樣,保持著對於歲月流逝的極度敏感,如此持久而緊張地體驗著「時間」的。瓦解遺民群體,使這一族類最終消失的,確也是時間,是時間中無可避免的死亡。這是發生於天地間的大聚散。不止一「族類」,一種人文風貌、文化意境,不也繫於一代人、幾代人的存殁?

　　易堂諸子中最先去世的，是李騰蛟，在康熙七年（戊申），同年星子的宋之盛「中風暴卒」。李氏去世前已失明，「傴蹇乎一室之中」（《同易堂祭李少賤文》，《魏叔子文集》卷 14）。據季子說，李氏「病革，猶與易堂兄弟諄諄談議，命門生歌詩以自娛」。喪儀似乎也頗隆重，「卒之日，白衣冠來弔者盈於路，哭聲震屋瓦」（《寧都先賢傳》）。這年，叔子作詩哭宋之盛，歎息著「又弱一個矣」（《戊申八月十日哭匡山宋未有先生》）。此後是伯子之死。接下來即林時益。林時益病故的次年，叔子致書施閏章，說「易堂諸子，希如晨星，不勝俯仰之感」（《答施愚山侍讀書》）。這年邱維屏病噎死。

　　叔子哭祭戚友的文字多了起來。哭姜垓、歸莊，哭伯子，哭伯子之子，哭林時益，哭吳徂，哭相繼凋喪的其它友人。叔子本來就長於傾訴，何況是向著死者的傾訴！這也正是遺民相繼死亡的時期。到叔子去世之前，陸世儀、張履祥、孫奇逢、張爾岐等人已死。遺民歷史到了後來，竟是由一個個卒年為時間標記的。墓表碑銘，本有此諸體，然而當此際，家國身世之感尋求發抒，長歌當哭，毋寧說是別具節調的詩。倘若彙集了遺民文集中的碑銘祭文，應當是一篇遺民祭、遺民自祭的大文字的吧。子遺之民不能不面對那片令他們傷心慘目的風景。

　　由其時士人的文字間，隨時可以聽到「又弱一個」的唶歎。一個時代、一代人文，正隨著這些訃告祭文而逝去，其中有惟遺民才懂得的蒼涼意味。「易代」自然繫於王朝存亡，而「代」之「易」在無數個人的生命史中，有遠為複雜的性質，其間夾雜了細緻豐富的痛苦，是你由史家的記述中無從得知的。明清之易代也正完成於、實現在這無數個人的日常經歷中，實現、完成在他們瑣碎的苦痛中。

　　諷刺的是，所謂的「康乾盛世」，正於此展開。

　　叔子有「頭風」宿疾，病逝的前一年曾就醫泰和。他說，「吾家

五世無六十上人」（《寄兒子世侃書》，《魏叔子文集》卷 6），對自己
的「壽限」很有一份清醒。在上面說到的致兄弟的書劄中，也說倘
若天假以年——他的希望不奢，不過再活六年——他將在滿六十歲之
後，「絕筆不復作文，優遊歌嘯翠微之上，以待盡耳」。但「天」吝於
這種給予。叔子去世在五十七歲上。

康熙十九年（庚申）的八月，病重的叔子客居真州的桃花塢。他
以往曾來過此地，「舟行二十里，若泛明霞」（《樹德堂詩敘》）。故地
重遊，自不會再看到一溪桃花，桃樹下的水流想必依然清冽。不過兩
三個月後，叔子就病逝在儀真（今儀徵）舟中。彭士望說「野死」，
未免過於悲涼。其實，山居而舟逝，未必不是叔子所願，何況死在訪
友的途中，對於叔子後二十年的生涯，與他一生的追求，未始沒有某
種象徵意味。

彭士望冒雨奔喪，據他事後記述，那晚他曾與彭任、季子聯榻，
歎息著「所謂『易堂』者，僅此三人而已」（《及聞人梁份書》）。是時
彭士望已屆古稀，內心的悽愴可知。不知那一夜三個人說了些什麼，
在斷斷續續的交談間，是否會記起翠微峰上的雨夜，於雨聲中察覺到
了不遠處叔子的聲息？

叔子去世十年後，季子為叔兄撰寫「紀略」，悲從中來，忽然記
起兄弟三人坐談到子夜，「於時殘月在山，天地空寂」，其間伯子說到
他不願承擔失去其弟的苦痛，願意先於其弟而死。季子說，哪裏想到
竟是自己獨任此悲苦呢（《先叔兄紀略》）。

魏氏兄弟當著盛年，似乎就對這一不可避免的大散懷了恐懼。他
們不能自禁地一再談到死，也應因了惟有死是完美的倫理意境所無從
抗禦的破壞力量。

41

　　叔子病逝的那年，季子像是已不復有當年豪氣。送晚輩遠遊，他
不勝感慨，說：「我昔頗健遊，廿年足未停」，現在卻只能空談了
（《庚申夏吳子政由湖東往浙江感賦送之》，《魏季子文集》卷 2）。這
期間季子得了胡長庚（星卿）的書剳，其中有「自世俗視之，遂謂尊
家多難；自愚論之，一時何得有此奇特事，家運正好，萬勿自疑也」
云云；季子於此，也頗發揮了一番「人定勝天」之義，卻歸指於「為
道日損」（同書卷 8《答李元仲書》）。季子也老了，那一套處「缺
陷」的策略，正合上了《老》、《莊》的轍。在這種時候，《老》、
《莊》的確指點了某種精神歸宿。林時益晚年喜禪；就上述書剳而
言，季子的思路則近《莊》。烈士暮年，並非總能「壯心未已」。

　　令季子感傷的是，叔子之死不足兩年，「即布衣之交，已多去者日
疏之感」（《答丁觀察書》）。親戚或余悲，他人亦已歌，從來如此，並
無關乎人情寒暖、世態炎涼。只不過遺民對此，別有一種敏感罷了。

　　施閏章曾殷殷囑咐季子「摧壯心，養餘年」，「毋雄談負勝氣、為
好事者所指名」，庶幾保全身名，「全處士之義」，可謂語重心長（《魏
和公五十序》）。晚年的季子，不待此種提醒，自與盛年有了不同。伯
子五十八死於非命，叔子病逝在五十七歲，惟季子過了六十這道坎。
看過了如許的生死，經歷了那樣多的事件，雖聲光不免日趨黯淡，晚
年的季子在「吾廬」的歲月，像是有了一種意味深長的寧靜與恬淡。
許多年之後，他仍然會對故交的後嗣提起易堂舊事，但那確已是過去
的事了。那些激情的歲月，翠微峰上的爭論、互規，沖風冒雨的遠
行，伯兄父子慘死後撕心裂肺的痛楚，都已成過去。甚至憂世傷時的
情懷，也在時間之流中漸歸平淡。由文字看，季子餘下的歲月，充滿
了瑣屑、日常的歡樂。他會在「人日」與子弟友人看石壟上的油菜花

開（《石壋看油菜花⋯⋯》，《魏季子文集》卷 2）；會在一個悠長的春
日，「閒弄兩孫」，或袖了手隨著由塾中歸來的孫子在夕陽中走（參看
同書卷 4）；也會在一個落雪的日子回到山中，對人說那生活很適
意，「閒為婦擇凍米，顆顆精細。時看兒子弄冰箸，作山石形，藤蔓
牽拂其中，青翠映澈。薄醉則陶然隱几，覺甚樂也」（同書卷 9《與
曾省之》）。

　　晚年季子的生活圈子顯見得狹小，由彭士望、林時益「驍然」開
啟的世界，漸漸向他關閉，詩文中現出怡然自得的神情——給人看到
的，是「僻邑」寧都的一介老書生。他的詩作後面，儕輩的評語漸次
隱去，那些消失了的名字帶走了他們的聲音；出現在詩題中的，多是
晚輩的名字。其中彭姓者，或即彭士望、彭任的後代；曾姓者，也許
是曾氏兄弟的後人。偶而也會有故交的子弟由遙遠的廣東來訪，他會
問到故人是否無恙（卷 4《送蕭有緝歸南雄遂往廣州二首》）；另一時
有南豐友人的後裔來叩門，他也會感慨地說起「兩堂」即程山、易堂
的舊事（卷 9《別封右瞻》）。他仍然會向別人講到易堂的「真氣」，
尤其諸子的互諍，不勝今昔之感（卷 8《答李化舒書》）。

　　彭士望卒於康熙二十二年（癸亥），曾燦死在二十七年（戊辰）。
季子是三十四年（乙亥）去世的，享年六十有七，同一年黃宗羲
死——其時叔子故去已有十五年，「易堂九子」在世者，僅彭任一人
（彭死於戊子，享年八十五歲）。不是死於山，而是死於城，像是非
季子夙願。他的長子世傲說：「自甲申以迄乙亥，凡五十二年，先大
人未嘗一日忘天下，亦未嘗一日忘此山中也。」他說父親生前曾說
過，自己身後「神魂所依」，將「籜冠竹杖而出入林木間」，當時曾令
他的兒子為之悚然（《享堂記》）。

42

易堂的歷史，卻並未因了季子、彭任的死而終結——魏氏子弟還在，梁份、「冠石子弟」還在。儘管除了梁份，其它後人的聲音遠不如前輩響亮，甚至不能達於山外，達於寧都這僻邑之外。

尚小明的《學人遊幕與清代學術》有關於遺民的代際劃分，將萬斯同、朱彝尊、黃百家等人，歸入「小一代遺民」。該書說：「這裏所謂小一代遺民，是指崇禎年間（1628-1644）出生的遺民子弟。清軍入關時，他們中年齡最大的不過十六七歲，許多人只有幾歲。」（第16頁）在我看來，用了尚氏的標準，劉獻廷、梁份等人，較之朱彝尊、黃百家，更可稱「小一代遺民」。

梁份也是性情中人，卻不同於叔子，有一種粗豪的氣概。梁份經歷中的那段復仇故事，說得上驚心動魄。那故事是：梁份的岳丈為人所殺，梁份殺了那人，「刳其心肝」，祭他的岳丈（據乾隆三十年刊本《南豐縣志》卷 26《人物》）。那個時期的復仇故事大多類此。如季子所寫揭暄為父報仇，獲賊，「磔而生祭之」，「手戮之，啖其肉」（《揭衷熙揭暄傳》，《魏季子文集》卷 15）——其時的人們不但不以為異，像是樂道這類血腥的故事。似乎手上沾了血，才更足以作為「豪傑」的身分證明。你由學術史，是無從領略梁質人的這一種風采的。「易堂九子」及子弟門人中，梁份或許是有此種記錄的惟一的一個。

學術史也不會如叔子那樣地告訴你，梁份其人「性好睡，與人匡坐，少選則鼾聲動四座」。當然份也有極其清醒的時候，比如他住在龍當山，此時「賊晝夜攻之，份料守禦事，睫不交者旬有餘日」（《門人梁份、吳正名四十序》，《魏叔子文集》卷 11）。

林時益評論梁份，引了孔夫子的話：「其知可及也，其愚不可及也」，說梁份這人，「殆所謂愚忠愚孝者乎？」（語見《梁質人四十

序》,《魏昭士文集》卷 3）如上文所寫到的梁份在三藩之變中赴長沙
為韓大任向吳三桂乞援，就可以作為「愚」的一例。那種事，是他的
易堂師長們絕不會做的。另如他為了抒發遺民情懷而謁明十三陵，繪
製明陵圖說，竟用了步測，就那麼一步一步地量過去。即使當時的輿
地學者，肯這樣做的，也不會有另外一人。這時已是康熙四十二年
（癸未），劉獻廷、萬斯同都已故去，梁份此心耿耿，猶未被歲月所
消磨，其「愚」確也不可及。

　　像他的那些易堂先生，梁份也喜歡遠遊，只是遊起來也「愚」得
可愛。他曾向當道募了錢，一直走到連季子也夢想未及的西部邊陲，
睡在土炕上，說那裏的虱「大如瓜子，多至可掬，一土床藏可數
升」，「移衾綢臥地上，則從屋椽間自墜下，如雨雹密灑，歷歷有聲」
（《與八大山人書》,《懷葛堂集》卷 1）。這一種遊，無疑是對於體力
以至耐力的挑戰，足證其人的強毅，無愧於輿地學者；更何況梁份的
動機，更有在學問之外者！

　　由此看來，梁份輿地學的成就，多少也繫於他的「愚」。倘若並
非「不世出」的大才，而要做成一點事，多半要有一點「愚」的吧。
明清之際有遺民傾向而志在經世者，如梁份、王源，往往骨節崢嶸，
睥睨一世，不汩沒於世俗榮利，舉世不見知而不悔，其「愚」其
「強」，正有人所不能及。

　　梁啟超對易堂不屑意，他所撰寫的學術史對梁份卻不吝稱道。梁
份從易堂先生遊，其輿地之學不消說另有淵源，非得之於彭、魏無
疑。王源序梁份的《懷葛堂集》，說梁氏的文字師法叔子。近人湯中
自序其《梁質人年譜》，以為梁份所作，「實突過其師魏禧之文」。而
與份同時的姜宸英的說法是，叔子之所以為天下所重，也因有了梁份
這一弟子（《懷葛堂集·序》）──叔子死去不算太久，就有了這樣的
議論。

　　彭士望《祭魏叔子文》，說叔子卒於儀真，「門人梁份從」，似乎梁份當時在叔子身邊；實則叔子病逝時，梁份正在校讎叔子的文字，並不在其地（《哭魏勺庭夫子文》，《懷葛堂集》卷 8）。此時的梁份，正在「不惑」之年。

　　梁份為叔子所器重，他對於叔子，卻像是心情複雜。他由南豐到寧都，本是彭士望的門人，彭氏卻命他從叔子遊。叔子死後，梁份說到叔子曾對他高聲朗誦自己的詩：「我有鞘中刀，空床徒徙倚。欲以貽及門，未知誰者是」，同時「目光炯炯注射人雙眸子」，而份則「垂首不敢復仰視」（同上）。他說正因了深知叔子，反而怕自己「慕虛名而情文有所不盡」。可知叔子生前，與梁份並未「正師弟之誼」。這固然可以解釋為因珍重此道而不肯苟且，也未必不能察知梁份的倔強自負。

　　由事後看，叔子、彭士望所謂「造士」，實際造就的，不過幾個子弟門人；其中最有作為、堪稱易堂「後勁」的梁份，卻已不便僅用了「易堂門人」這名目指稱。時勢比人更有力量，或許應當說，是那個嚴酷的時代，與經世致用的風氣，造就了梁份這樣的人物。《寧都直隸州志》卷 11《風俗志‧寧都州》列舉易堂門人中「能恪守師法，不失淵源」者，沒有提到梁份，卻又不知出於怎樣的尺度。

　　上面引過的那本《學人遊幕與清代學術》，寫到「小一代遺民」清初的生涯，說朱彝尊「曾秘密參加過抗清鬥爭。但是，從順治十三年（1656）起，他開始了長達二十餘年的遊幕生活，並且以廣東布政使曹溶——這位在多爾袞攻陷北京之初即投降清廷的著名學者，作為他的第一位重要幕主，這意味著朱彝尊實際上已接受了滿族人的統治」（第 28 頁）。劉師培《書〈曝書亭集〉後》也以朱彝尊為失節，有「冷落青門，憶否故侯之宅；蕭條白髮，難沽處士之稱」、「晚節黃花，頓改初度者矣」云云。

尚小明的那本書還說：「萬斯同、顧祖禹、劉獻庭、黃百家等紛紛加入徐幹學幕府，表明清政府的籠絡政策收到一定的效果。儘管這些有遺民思想的學者拒絕接受政府授予的官職，但他們參與官方的修書工作這一事實本身，已經表明他們對新朝的態度發生了微妙的變化。如果說纂修《明史》是他們對過去一段歷史的總結的話，那麼，參纂《大清一統志》則表明他們對新朝統治的認可。」（第 69 頁）關於叔子、彭士望的知交顧祖禹，該書說：「《一統志》粗成後，徐幹學欲列其名於上，顧祖禹『不可』，『至欲投死階石始已』。顧祖禹試圖以拒絕列名《一統志》，來表達他對明王朝的最後一片忠心，然而，他畢竟參與了《大清一統志》的纂修，如同萬斯同參修《明史》一樣，表明他已完全默認了新朝的統治。」（第 28 頁）

「小一代遺民」如梁份者，晚景不免淒涼。王源序《懷葛堂集》，說當時的他與梁份「俱落拓京師，窮且老依人」，「悵悵然白頭相對，俯仰一無可為」，潦倒燕市，酒闌燭跋，懷舊述往，當年的豪舉，都成前塵往事，清平世界，無以消磨壯心，只能與同志者相對嗟歎而已。王源與梁份的這一種英雄末路、無可施為的痛楚，是朱彝尊、黃百家輩體驗不到的吧。

劉獻廷死於康熙三十四年（乙亥），朱彝尊死在四十八年（己丑），王源卒於四十九年（庚寅），梁份則活到了雍正七年（己酉），是「小一代遺民」中的後死者。至此，「易堂後」歷史應告終結，餘緒也飄散在了綿延的時間中。

到「小一代遺民」漸次故去，一個朝代漫長的尾聲終於消歇──是如此千回百轉的悠長餘音！

43

　　彭士望、季子都一再說到易堂子弟「無恒父師」。無恒師較易於解釋，至於無恒父，則應因了彼此視同家人，且以培育「易堂子弟」為共同責任。

　　叔子作《季弟五十述》，說他的「述」，是述給易堂後人（「俾爾曹子孫知之」），述給身後的無盡的日子的。季子也「述」之不已，似乎相信只有不斷地講述，才能使子弟以耳代目，將上一代人的易堂記憶植入腦際。叔子曾對李萱孫說：「東莞九姓之裔，十數世如宗族家人，吾易堂豈可再世如路人乎？」叔子說到他的三個心願：「一願天下有枝撐世界之人，一願後輩有枝撐易堂子弟，一願吾家有枝撐衰門子弟。」（《裏言》）

　　魏氏子弟像是對易堂的存續有一份特殊的關切，他們以「易堂子」、「易堂先生子」自我指稱，稱同儕為「同堂通家子」，賦予了「易堂子弟」這身份以莊嚴性。「冠石子弟」吳正名序魏世儼的文集，說其人「不徒欲學易堂之文章，直欲繼踵其行事」（《魏敬士文集・序》）。世儼也說魏氏兄弟欲「糾合同堂弟兄子侄修復易堂舊業，仰承九先生之志，使薪盡而火傳」（《同兄弟祭彭西疇文》，同書卷6），卻像是並沒有得到熱烈的應和。由世傲《答彭汝誠書》（彭汝誠為彭任子）看，易堂後人間，已有「分崩離析」的跡象。我注意到彭任「示兒」諸簡牘，說靜坐，說制義，幾乎沒有一個字及於「易堂」。李萱孫序林時益的詩集，關於易堂，竟也隻字未提。

　　情況很可能是，世傲、世儼兄弟對於「易堂」的不厭其煩的提示，也如叔子當年對易堂的過分熱烈的擁抱，使儕輩感到了壓迫。事實上，使易堂成其為易堂的那些條件，至此已不復存在，易堂子弟不可能再聚成一堂，重演前輩故事。當那個充滿危機的時刻漸成過去，

沉重的道義要求，已顯得不大合於時宜。將一種精神的承繼，寄託於
生命的連結，本是不可期必的事。季子之子之子的面目，不是也已不
可考？他們多半溶入了清定鼎後的歲月之流中。

較之父輩，魏氏子弟不免聲光黯淡。但你可以相信，幾個有血性
的少年人，曾在這片山林中生氣勃勃地生活過。較之於此，當世以及
後世的聲名，或許並不重要。正是這樣的遺民後代，將「遺民」這一
現象在時間上延展了，也將晚明的某種遺風餘緒，帶進了另一個時
代。政治史上斷然分割的朝代，在個體人生中，在人的生動具體的生
存經驗中，其邊界失卻了清晰性質。兩個朝代之間的犬牙交錯、彼此
纏繞，其關係的複雜性，幾乎不可能訴諸描述。

終於有一天，易堂在風塵頌洞中失去了消息。

王源生前說，自己曾「細訪江右人文，大不及曩時。自易堂諸君
子歿，湯悐庵、謝秋水諸先生相繼謝世，後起者率多浮沉，獨蔡靜
子、梁質人古文可稱後勁」（《與梅耦長書》，《居業堂文集》卷 6）。
王源與梁份同時，與叔子有過交遊，所見已經如是；到蔣方增撰《重
刻樹廬文鈔敘》，所見「易堂舊址已半沒於荒煙蔓草間，而邱、林、
李、曾皆式微，僅三魏氏尚多繼起，與躬菴先生後人猶往來不絕」
（《樹廬文鈔》）。

南豐一星子

44

　　與寧都對於易堂的珍視適成對比，南豐大約因為有了曾鞏一流人物，明清之際的謝文洊和他的「程山學舍」，似乎已不大為人所知，倘若沒有縣文聯的曾先生奔走詢問，我們或許會放棄了對於學舍遺址的尋訪。

　　彭士望《程山堂碑記》：「程山居城西，偏石圓砥，可坐數百許人，在獨孤及彈琴馬退石之左，林塘幽閴，修竹翳如，堂三楹，館室亭樹凡數處。」（《樹廬文鈔》卷 8）那塊巨大的圓石居然還在，其上是一座地藏寺。曾先生說，「琴臺晴雪」，曾經是「南豐八景」之一；地藏寺後的山下，現在還有池塘數處。這一帶原有「程山路」；看來至少不久前，「程山」還被人們以這種方式記憶著。

　　同治十年刊《南豐縣志》四《山川志》：「若夫山之在城中者，曰馬退山……唐縣令獨孤汜嘗月夜偕弟及抱琴遊此，後人琢石為琴形，因名琴臺石。」琴臺石下即程山，亦曰程家山，謝文洊講學處。謝本量《秋日登程山》詩曰：「極目蒼涼地，秋風掃故廬。先人一片石，此日半園蔬。心事滄桑外，生涯薇蕨餘。空堂懸俎豆，不解讀遺書。」（詩見民國十三年刊《南豐縣志》卷 1《山川》）——正與易堂的荒蕪相映照。

　　明代寧都屬贛州府，南豐屬建昌府。我們乘車由寧都到南豐，不過用了一個多小時，而三百年前林時益探訪謝文洊，輿中舟上，竟有

三日的行程（《癸卯五日早至程山值謝約齋先生外出》，《朱中尉詩集》卷4）。交通的不便，並不曾妨礙易堂、程山中人頻頻往還。

「易堂九子」因有伯子，不能算做「遺民群體」；程山六子也出處不一，其中黃熙（維緝）是以進士的身分到謝氏門下的，且如上文說過的，「常與及門之最幼者旅進退」，「唯諾步趨惟謹」（《黃維緝進士五十序》，《樹廬文鈔》卷7）。謝氏門下還有封濬其人，年四十有二，原是謝氏的友人，一旦執贄，即「俯首稱弟子」（《封位齋先生墓誌銘》，《懷葛堂集》卷7）。「六子」之一的甘京，也是「以平交從為弟子」的一位（《封位齋傳》，《草亭文集》）。那個時代很有這類故事。

易堂的「無恒父師」，竟也擴大到了易堂之外。不但一「堂」之人互為師友，且令子弟受業於「堂」外之友。梁份因了謝文遊的推薦，得遊彭士望、魏叔子之門，而彭氏則曾攜了子、婿，「讀書獨孤之琴臺」。因「篤服」顧祖禹，彭士望甚至以垂暮之年，行數千里領兒子師事之（《顧耕石先生詩集序》）。程山的甘京也曾攜子到易堂（《論壽甘健齋五十文》，《邱邦士文鈔》卷1）。不惟易堂，那個時期士人中志同道合者，即使對於門人子弟也不肯「私」之，而將作養人才視為共同事業。

不同於易堂，程山是個理學群體。謝文洊顏其堂曰「尊洛」，將學術取向標得很明白。叔子說程山、易堂，「各有專致」（《復謝約齋書》，《魏叔子文集》卷5），說的就是易堂的經術、文章，程山的理學。宗旨、取向有如此的不同，也無妨於叔子以程山為「性命之友」（《與富平李天生書》），於此也見出氣象的寬裕。

程山中人也並非都有道學方巾氣，其中的甘京當少年時，「風流跳蕩」，甚至粉墨登場，「以身試優伶」（《甘健齋軸園稿敘》，《魏叔子文集》卷8）──易堂像是沒有這等人物。這一時期的士人因了地域的聚合，難免於成分之雜，或許也因而少了一點故明黨社往往不免的排他性？

　　至於程山、易堂兩個群體進行的，是極其嚴肅的交往。據彭士望的上述《碑記》，易堂諸子過程山，「必出所撰著述，近日行事，講貫連日夜，互為規益」。卻也有輕鬆的時刻。叔子就曾記述他在程山，酒後，站在池邊，受謝氏之命講《左傳》。「冬日和暢，微風動竹，日影倒射竹尾」，叔子「倚樹指顧」，「反覆數千言」，「聞者二十許人，皆欣欣動顏色」（《告李作謀墓文》）。這真是一種美好的情景。

45

　　我的此行終於沒有走到鄱陽湖畔的星子，因而易堂諸子常要說到的「髻山」仍在紙上。不知那裏的匡山下是否還有白石村，宋之盛的後人操何種營生？用了魏叔子、彭士望的說法，程山、髻山與易堂，鼎足而三，所謂「程山理學」、「髻山節義」。季子說宋之盛「高義聞天下」（《同易堂與未有書》，《魏季子文集》卷 8），想必那事蹟當時傳在人口，惜已不得其詳。

　　同治十年刊本《星子縣志·序》：「星子為南康附郭，邑北與潯陽錯壤，而廬阜介其中，襟江流而帶蠡湖，實吳楚分域。」我曾望文生義，以為星子這地方，當有諸多小水泊綴在大湖邊緣處，水光閃閃如星子。梁份卻說，星子因「落星石」突起鄱陽湖中而得名（《查小蘇九十序》，《懷葛堂集》卷3）。

　　上述《星子縣志》卷 18《人物志》：「宋之盛，字未有，國變後改名佚，又名惕，字未知，世稱白石先生，與同里吳一聖、余啤、查世球、查轍、夏偉、門人周祥發講學髻山，世稱髻山七隱。」「髻山七子」，或因了宋之盛築有「髻山草堂」。縣志卷 2《山川志》：「丫髻山，在縣南四十里，形如三臺，時起雲霧，劉仙真人得道處。」

　　叔子曾在詩中寫到「最憐星子城邊樹，行列分明似藝蔬」（《登五

老峰》,《魏叔子詩集》卷 7),像是到過其地。彭士望則訪宋之盛而居鬐山累月(《與宋末有書》,《樹廬文鈔》卷 2)。叔子在南豐,曾與程山諸子、宋之盛有過旬日之聚(《謝秋水祭宋末有先生文》,《鬐山文鈔‧附錄》)。邱維屏對宋氏不勝神往,說「譬之匡山、鄱水,不一至其地,而已澤峙於眾人耳目之間」(《易堂致宋末有書》)。

據說有「清初江西三山學派」的說法(參看《翠微峰志》)。程山謝文遊、鬐山宋之盛,學程、朱者也。明清之際學術轉型,宜歸入宋學一脈,與易堂魏禧、彭士望本非同調。所謂「三山學派」,顯然出自後世的捏合。毋寧說「三山」正微縮了其時發生於士類中的分途、分化。

至於叔子等人的以「程山」、「鬐山」與「易堂」對舉,固然意在擴大交遊、聯絡同志,也未始不是在藉此強調「吾道不孤」。而三個群體除了互有往還外,的確書信頻傳,且彼此辯難駁詰,不為苟同。在魏叔子、彭士望、宋之盛、謝文遊們,顯然有較之學派立場更重要的東西在。謝文遊曾搜集了宋氏遺著,欲「合易堂、程山諸子訂成定本,……繕寫以藏,俟圖刻於後日」(《謝秋水祭宋末有先生文》)。只是不知道這工程實施了沒有,謝氏所設想的,是何等樣書。

劉獻廷《廣陽雜記》中說:「江西風土,與江南迥異。江南山水樹木,雖美麗而有富貴閨閣氣,與吾輩性情不相浹洽。江西則皆森秀疏插,有超然遠舉之致。吾謂目中所見山水,當以此為第一。它日縱不能卜居,亦當流寓一二載,以洗滌塵穢,開拓其心胸,死無恨矣。」(卷 4 第 188 頁)不知劉獻廷是否到過贛南,所見「森秀疏插」的,或許是贛北的山。劉氏以北人而久居江南,想來不至於「阿私」江右人的吧。方以智「禪遊江西」,住在這裏十二三年之久,江右必有令他不忍捨去的理由。我猜想劉獻廷所欣賞的,或許更是一種清新剛健的人文性格,如方以智所謂的「真氣」。

1975 年，我平生第一次由家鄉南行，乘江輪過九江時，風雨突起，倚了船舷，看江岸瞬間陰晴開闔，初次領略了南國氣候的詭譎，事後曾將印象寫在了筆記裏。那筆記還在。

「風起雲湧。雨區急速推進，如一面巨大的帷幕，頃刻閉合。清晰的峰巒，被突然間抹掉，隱沒在白茫茫的雨幕之後。江水連天，橫無際涯。

「我奔向船尾。船尾的紅旗閃著水光，刷刷地翻卷，終於卷在了桅杆上。

「電閃雷鳴……」

離開南豐的兩天後，在南昌的一所高校，我向年輕人講到了有明一代江右的人物，說我希望知道，是怎樣的人文風土滋養了他們。其間也說到易堂，不知他們中是否有人能繼續這種尋訪，比如尋訪方以智在江右的蹤跡。我知道贛南之行將留在我的記憶中。我會懷念易堂諸子，懷念我在贛南遭遇的人物。我期待著江右學術、文化的復興，未知年輕的一代是否準備了承擔這樣的責任？

附錄一
《翠微峰記》

魏禧

　　翠微峰距寧都城西十里，金精十二峰之一也，四面削起百十餘丈。西面金精者，蒼翠衮延如列屏，東面城，大赤如赭。中徑坼，自山根至絕頂，若斧劈然，或曰長沙王吳芮之所鑿也，張麗英飛升，蓋即其處，相傳自上古來無或登而居者。歲甲申國變，予採山而隱，聞邑人彭氏因圻（按應為「坼」）鑿磴、架閣道，於山之中幹闢平地作屋，其後諸子講《易》，蓋所謂「易堂」者也。予同伯兄、季弟大資其修鑿費，丙戌春，奉父母居之，因漸致遠近之賢者，先後附焉。

　　山左幹起西閣，平石建木，簷牙窗戶欄楯，出雲木之半。右幹作橫屋，東面大江，城郭歷歷。東南隅，閣之腋措草堂，阻石為池，蓮華滿其中，曰「勺庭」，予獨居之。環屋樹桃華，彭子躬巷詩曰：「雲中蓮葉秋池豔，天半桃花春井香。」蓋謂此也。

　　山前後各有並石如桃實，皆曰「雙桃石」。自易堂廊門，經高柳，度方塘，北循左崖，亂藤幽蔭，數十步，有泉從石罅出，味清冽，秋冬大旱，無絕流。瀦以為井，而後之桃石當其缺，或謂之曰「桃井」。加露板為汲道，行人望之如雲中。

　　壬辰秋，土賊四起，彭氏屬於賊，諸子去之，彭氏遂據諸財物，因以脅諸子。於是邑帥遣人謀誅之，詭而登。彭氏衷甲飲之，顧謂其人曰：「吾嘗笑荊軻提一匕首入不測之強秦，自尋誅滅，豈不甚愚

哉！」其人笑不答。既與為觀要害地，因左顧，遂發匕首，椹其喉，據石礫首碎之，復還飲所，取二佩刀去。山遂墟。明年，伯子歸自廣，卒復之，諸子之散處者咸集。以謂「彭氏既當罪，功不可滅」，乃拊而祀諸社。

凡登山，左自金精、右山塘，至者皆經前雙桃石，迤北至山門，緣坏上鐙（按應為磴）四十餘步，穴如甕口。登者默從甕中出。側身東向，僂行十餘步，又直上百十磴，曰「烏谷」，谷如陶穴，鞠躬進之，上穹隆如屋。架樓其中，矚蹊徑、眺城邑，為守望焉。又上數百步，梯磴相錯，凡數絕，乃至於頂。蓋此峰迤邐竟裏，旁無援輔，自下仰之，如孤劍削空，從天而僕。上則岐而三之，中高右縮左展，結屋者，必山翼。山中灌木鬱勃陰森，見者疑有虎豹，然自猿狄飛鳥而外，則皆不能至焉。

庚辛間，有西北善兵者，至門而窺，去謂人曰：「就使於甕口徹其門，使三尺童子折荊而守之，雖萬夫誰敢進者？」先是，豐城人數百里來覓躬蕃，間關山下，遇樵者，指之曰：「從此登。」客笑而怒曰：「此豈人所到耶？」遂竟去。

壬寅三月，伯子將北行，畫圖於扇，命予記其略。或曰此山名「石鼓峰」也，土人以其東面赤，群呼曰「赤面石」，躬蕃舊有記特詳。

（《魏叔子文集》卷 16）

《翠微峰易堂記》（節錄）

彭士望

　　寧都郊西，奇石四十里，率拔地作峰，形互異，低昂錯立，岩壑幽怪。北距邑所稱「金精」半裏，更西，峭壁赤礬，闞翕陡絕，望?鬱，曰「翠微峰」。峰東首坼微徑，僅可容一人，初入益暗，稍登丈餘，抵內壁，一孔僂出暗橋下，孔可三尺許。出孔，徑益隘，更捫壁側行，旋折登數十步，漸寬，崩石攲互，如遊釜底。再上及閣道，孔出如暗橋，忽開朗軒豁。石穹覆，東向納朝日，曰「烏谷」，可容百十人庇風雨。烏谷上棧道，梯磴雜出，徑視初入益隘。頂踵接，更千步，壁盡，曠朗，磴道益寬。人翔步空際，歷歷可數。巔矗起，西行漸平，脊坼三幹，巔環周二里許，下視城郭，溪阜陵谷，村圃畎澮，人物草樹屋宇，圜匝數百里，遠近示掌上……

　　山勢高，屋宜隱伏，顧夾兩石壁，橫不得方。獨中幹束縮，後托圓頂，張肘平衍，可接百武。闢堂其中，曰「易堂」。堂廣二丈、深二之一有半，北向，憑右幹外，太陽、赤竹、南光諸遠峰張旗鼓，中列屏幾相望峙。左右從兩廡，因地勢並長。堂前門外隙地，舊有泉湧出，亦甘冽。瀦為塘，積淤易塞。道左高柳出天半，垂條拂地，春時縹緲，濯濯可愛。更循圃下路過塘塍，可三十步，有堂負右幹，絕隘，室絕小，可八九間。橫小室南向，餘俱西面壁，臨汲道，不得方列，恒不得見日星，獨逼側。並左幹壁行，向盡，小柵門藤蘿交蔭，磴道下可三丈，有泉澄碧，甘冽寒潔，生石峽中，脈南出，湧小泉，狀如葫蘆，汪注大井闌。巨石其外，下鑿石底，深廣二十尺，數百人可均給。久雨，渠水溢漫，從小竇出，當極涸，晝夜不逾十數斛，井

泉盛時，一日夜可復。泉口外，雙石駢立遙拱，及山半，土埠下托，
類盤庋，曰「雙桃石」，泉曰「桃泉」。從堂後出，圃地丈餘，藝雜
樹。登石級累百，踐左脊，南望兩崖間，有池一泓，堰種蔬，廣榭闌
干廊步，花木紛翳，池中種白蓮百餘本，樓屋三楹臨其上，曰「勺
庭」，地最勝，直距堂可一尋。

　　循勺庭土垣，更右登南岡，為左幹，始析，腋最高，有閣翼然。
石分東西向，粉白輝映，中植桂、梧桐、臘梅、梅、竹、茶蘼、月刺
之屬，桂尤盛，四時花不絕。中幹更東行，益高，始析右幹，縮口有
堂一區，從小屋十餘，亞視「易堂」，門臨道。右幹平抱，多桃花，
如村落，東望郊原，曠甚。稍北，並庾廩舂臼，背深谿，為右渠濫觴
地，可資溉濯。渠出中幹，右腋獨長，繞出易堂外，紆左，經柳下西
壁，迆北達於泉。左幹高特達周，四望風迅，無人居。平其地百步，
為箭道，土厚多雜木，行可半里許，自閣下包勺庭、易堂，為泉東
障。疏果出時，狙公竊據，相引下，盜食狼藉。沿山顛修木萬本，花
實瑰異，不可名狀，松、桃花、梅、竹最盛。

　　乙酉冬，魏凝叔（即魏禧）知天下未易見太平，與其友將為四方
之役，謀所以托家者，時邑人彭宦得茲山，創闢，凝叔合知戚累千
金，向宦買山，奉父母及兄善伯（魏際瑞）、弟和公（魏禮）居焉，
旁及其知戚。始，遠人林確齋（林時益）、予以義讓，不甚較貲，餘
視貲多寡，最，凝叔兄弟及曾止山（曾燦）家，次，楊、謝諸姓，又
次，邱邦士（邱維屏）、李力負（李騰蛟），俱寧人。丙戌冬，閩及贛
郡繼陷，諸子畢聚，始決隱計。丁亥，合坐讀史，為筆記論列，間面
課古文辭，抽古人疑事相問難。為詩，詩一遵《正韻》。朔望，凝叔
父魏聖期翁暨諸子衣冠述《鄉約》、《六諭》，徐及古今善行事，內外
肅聽。是冬，諸子言《易》，卜得「離」之「乾」，遂名「易堂」。戊
子秋，吳竟魯至，始談學。同堂惟彭中叔（彭任）居三巘，每期必

赴。設鍾磬，歌詩，群習靜坐。時凝叔始落勺庭，遲其弮，居來學者。未幾，竟魯行。

己丑，土亂，屏不得下。庚寅春，邑屠掠，幸不及山。壬辰秋，宦（按即彭宦）作難，山毀。宦舊為山主，狙猾陰賊，極專擅。諸子多其功，曲下之。

凝叔尤篤昵，數破產佐貲解紛，為紓其難，宦更偃蹇，益驕。是秋，與族訟，被笞，激為變，交通土賊，謀破城殺笞己者，及所不快諸子中數人，眾覺，先避去，宦事隨敗，竟死。甲午，善伯倡復，率二弟更居之，並招諸子。諸子既久隱窮約，被山難，貧益甚，散處謀衣食，公見外，僅時一過從，不得逾三宿，家室非亂迫，尤不得至。

自乙酉迄今庚子，十六年，多難，山城路數通塞，不時聚散，壬辰後，遂散不復聚。惟戊、己間聚最久，節序歲臘，會堂上飲食，春秋祀祖禰，相贊助合俊。平居書名稱友兄弟，如家人禮，子弟亦如之。常易教，不率，與笞。無恒父師。諸子中多好遊動，經年歲，居行無二視，一人行，眾視其家，左右匡植久要，期至死弗革。

方初聚時，俱少年朗銳，輕視世務，或抗論古今，規過失，往復達曙，少亦至夜分。不服，輒動色庭詬，聲震厲，僮僕睡驚起，頃即歡然笑語，胸中無毫髮芥蒂。每佳辰月夕，初雪雨晴，輒載酒哦詩，間歌古今人詩，辭旨清壯，慷慨泣浪浪下。或列坐泉棧，眺遠山，新汲，吹龠煮茗，谷風回薄，井水微漪。遇飛英墮葉繽紛浮水際，時一叫絕，幾不知石外今是何世。蓋自有「易堂」，凡所為嬉笑怒罵，誦讀講貫，謀斷吉凶，歌泣困厄，瀕死喪，言行文章，上及爻象、兵、農、禮、樂、學道、經世之務，罔不遍及，其於學無常師，亦罕所卒業。易堂所至，大猾、武健、技術、任俠、博雅知名士、方外、石隱、詞章、獨行、理學，窮約顯達之人，亦罔不遍，或一過，或信宿旬月，今益久。諸子少壯老衰互相迫，子弟中昔提弄孺稚，忽冠娶有

家室且抱子，而諸子卒未嘗有一人發抒建樹。奄忽向盡，俯仰陳跡，感慨係之。

於茲山最力者，始事凝叔，中和公，終善伯，和公固不自言力。彭宦有心計，創始，鬻山致多貲，卒以亂自賊，不足道，勞有足稱者，善伯以社祀，祔焉。山遠望馴伏，近蟬削，渾成一石，隱不見屋，乍至，非望見扶闌，疑無居人。先年俱荊榛填合，罕人跡，山絕壁無路，不可登。二三樵者覘其上多薪木，乃艾道束縛，跣，腰鐮索，持數日糧、火種，從坼縫猿引捫登，恣樵伐，擲下，售獲十數金。宦素健，多力，聞之，遂從登，議荒度。樵時一人墮，立死，肢體零落。山麓俱小阜周附，下塹極深廣，不可逾越。麓北多岩穴，可居，苦遠汲。南，絕壁下崩石磊磊，石眼立，狀各殊異⋯⋯

諸子矯捷者，間避潦著屐行石中，或自負物，冠石子弟為尤健。諸傭保雜僕，日運薪荷擔自城至，蔬饌間提抱小兒女，運竹木諸器用，物極大，更縋上。歲時負米穀鍾石，晚昏登降如疾猱。婦女童孺始極怖，或垂涕泣，稍扶掖攀附，亦能上下，久習，有獨行者，健婢亦間能負戴。大都行坼中，逼窄，視天止一線。耳目專一，畏恐，緣橫槽木，磴道頗有憑翼。坼中不及風雨，特苦行潦，非久晴不燥。垂及巔，六七十步，始得張蓋。惟上下恃捷及，欲速，失足立死，罕一二全活。亦有醉墜，橫掛坼壁中不得下，僅損頭面者。前後隕斃凡數人。

山居屋有五，「易堂」為公堂，左右室並列，善伯兄弟左廡，邦士附後。邦士更為土室六七尺，依柳下。右，予、確齋，廡後稍高地，予、確齋更為半丈室三。過塘塍，西，面壁堂室為止山居，力負附，更為書室鄰止山。並西鑿石為閣，公登眺，無專屬，閣中陰沁，內壁出泉，不可居。兩個屬善伯，子興士（魏世傑）讀書其中。右縮口室，李少賤（李騰蛟）居右，左，謝子培、楊、曾分居並列。勺庭

為凝叔別業，整靜，山中獨居惟凝叔……庾廩俱有分，公㸑、臼。泉右鑿石龕祀社，山下隘口亦龕石為社祀，山上下社祀二。關有四，隘口為首關，外柵甃石，嵌兩壁間，長二仞，為暗橋，孔橫厚木，門夜施楗，鎮以巨石。烏谷為閣道，懸樓垂出石外，便遠眺，閣道上下積芻菱米穀，石砲巨挺，蕭斧懸金，為守具。底谷為室，宿守者，恒守者公餼之，以察視非常，嚴啟閉，隱若敵國。

山重禁有五：居毋得雜，毋更室，毋別售，毋引他族逼處。畜木毋折枝，秋冬許修木，有分地，毋逾，毋傷老幹。關啟閉有時，毋擅，毋疏忘。客至，公白出入，毋私。傭擔負毋過五人，客從亦如之；佩刀者毋得入。旱有井政，鑰柵啟毋不時。井欄架木棧便汲，汲以序，毋攙，量口毋不均。水石斛必分眾，毋擅輪；監汲，雖至親，毋偏縱強竊；既罰，是日無與水。泉側別鑿石溜泄渠水，垂千尺，下潤磽畝。毋令濁水入泉，旱更畜之，滋泉脈。其浣濯灌滌，資勺庭池及他潴，毋過濫。極旱，為釀供賓、祀，或從山下汲。下汲，視他山為最苦。善伯常欲因右腋隘處為陂，外闌石，內實以土，儲水數千斛。宦固舊為陂，特嶔石橫植木，實以塈。壬辰夏，淫雨，陂圮塈遏，渠水溢不得過，予室沒二尺，堂墀波湧，妾方娠，自灶奔室，同內人挽行水中，幾汩，漂物及雞鶩無一存者。是秋有宦之難。諸室惟予壁後門臨渠，故水入獨甚。凡聞亂，纂嚴，增守械，益丁，守者宿烏谷，輪督，毋委避，毋玩，毋宵歸；非山居人毋聽上。山居一人，或異色目一人偕，亦毋聽上。夜呼，雖父子必待曉，辨察然後入。環巔各分汛守眺，毋少離。凡逾禁，有重罰，毋貰；尤重故者，不率，及三罰不變，公擯之。

山有最不利三，最利五，最急一。最不利死，不可棺殮，必縋下，始克成禮。泉最不利涸，朝涸夕鳥獸散，不得視他山，可下汲。最不利貧，無人力貲財饋運，難一日居。最利守，上擊下，石卵大，

轉激騰躍，勢莫可當。擂木石，具斧鑿，山盡為砲。擲雉尾炬，塞徑口，立焦灼。孔出，伏暗橋側，挺斧交下；仰攻，橋石厚，徑轉側不得動。鳴金眾聚，靜逸以待。閉重關壘塞，一弱女子可抗千勁卒。屋最利隱，不外見。他山既暴露，苦風日，更招搖瞻視。居最利不雜，僑寓惟二姓，諸不得引蔓，成久假。患難一心力，集思，性命可共。泉最利在山，不憂絕汲道、生內變。山雖石，土厚，最利畜木，拱把修數丈者千計，丈者萬計，薪可支五年，掘根亦可二年。其最急積儲，計口積粟，極少亦支一年。以亂猝至者，非聚三月糧，不許上……

予意翠微形勢，當出神仙奇怪人。又，首坼千餘尺，似經鑿治，非王者力不能辦，歲久壅蔽，疑為古金精，至今邑令長猶望祀。後人樂便易，但就近附會，訛失，且移祀雙拳石，甚無謂。邱邦士然予說，為詩紀事。山中曾掘得古劍、銅簇（應為「鏃」之誤）、磁碗，碗質甚粗，青赤色，畫雲鳥，云是元時物。元時虔最苦兵，民盡砦居，多古蹟。簇長三寸，豐重而突，非近代器。劍獨久，形色類石，被鋤斷數截，有銅質未盡化，疑麗英修煉具，眾分藏之。後山毀，家人僅身免，俱失去……方宦作亂死，遺樵、傭僅十餘，閉守抗攻者百千人，下石，有死者。晝夜班數十健卒，鬥匝歲不能下，招降始罷去。頃，善伯善贛帥，多雄武士，馳覽邊徼，輕險阻，曾一至，飲不敢盡三爵，惴惴謂天下絕險雲。

（《易堂九子文鈔・彭躬菴文鈔》卷 5）

附錄二
《走過贛南》

趙　園

　　由南昌到贛州的一段路，是在列車上「走過」的，因了貪看車窗外的風景，幾不敢有片刻的休憩。在我看來，收入窗框的，都如畫般美。北國是乾旱與漫天沙塵，這裏卻水田漠漠，有我不知其名的白色的鳥，或一隻或一組，由水面上翩然而過。此行預定的主題，是尋訪明清之際寧都的一個被稱做「易堂」的士人群體的遺蹤，我的興趣卻溢出了這範圍。我想感受一下於我來說陌生的贛南。

　　贛州是個有「清潔」之譽的小城。我事先說明了意圖，說我要尋找明末的某地，無論其地現在的面貌如何。得到市地方志辦公室張先生的幫助，我計劃中所要踏訪之處，居然都找到了。那位明末忠臣楊廷麟自沉的清水塘，在民居的包圍中；他的埋骨之處，則有新修的濱江大道通過。這些原在預料之中，因而既無找到後的欣喜，也不至因面目全非而失望。出我意料的，倒是那水塘還在——贛州不曾放棄對那段歷史的記憶。

　　之後是作為旅遊景點的鬱孤臺與八境臺，這些地名都曾出現在我的人物的詩文中。鬱孤臺始建於唐代，宋、明兩代都曾重建，本是士大夫發思古之幽情的所在，而我所要尋訪的清初人物，思緒卻像是總難以遠縈，而牢牢地縮在了易代之際血與火的歷史上。他們無法忘懷

發生在這裏的血戰。一些年後，他們中的曾燦，還寫下了「風雨招魂半友師」的沉痛詩句（《秋旅遣懷兼柬易堂諸子》，《六松堂詩文集》卷6）。

贛州曾有章貢之稱，八境臺下，即章江、貢江的匯流處，境界開闊。但這座小城令我印象更深的，卻是那段據說宋代的城牆，城牆下貢江上的浮橋，近城牆處臨街店鋪的騎樓。騎樓蒼老古舊，如我此後一再看到並為之著迷的大樟樹。煞風景的是，城牆整舊如新，將真古董包進了嶄新的青磚裏，令人想到了將銅銹打磨淨盡的古彝鼎。據說浮橋是應市民的要求而保存下來的，不知那些騎樓有無這樣的幸運，會不會在拆遷改建的熱潮中被清除乾淨。後來才發現，江右像是到處在實施「一江兩岸」工程。在此後的旅途中，所經地、縣級城市中，有文物意義的老房子已難得一見，而那些縣城幾乎難以彼此區分。

晚間，與同伴閒走在贛州的夜市，翻看書攤上的盜版書。看過了冷清的市場，聽著個體書販「生意難做」的抱怨，至少我自己，一時竟沒有了對於這種「非法經營」的憤慨——我實在想不出那些攤商不做這種生意，該以何種方式謀生。

近幾年有「風入松」、「萬聖」、「韜奮圖書中心」興起，京城已不大見「新華書店」的招牌。即「西單圖書大廈」、開張不算太久的「王府井書店」，也像是不欲讀書人聯想起「新華書店」的老面孔，我的此行受到的，卻是新華書店的接待，而且猶如「驛遞」，被一站站地「遞送」過去，由此也接觸了風採互異的書店經理，尤其女經理。在餐桌上聽經理們歎苦經，獲知了一點此一行業的經營狀況，算得一點意外的收穫。

由贛州前往大余的路上，汽車在瓢潑大雨中打開了車燈。車窗外水霧茫茫，幾乎咫尺莫辨。行前在京城得知，南中國到處都在雨中，

這一趟卻只是在大余與寧都，與春雨遭遇。事後想來，正是這雨，給了記憶中的兩地以情調。或許古老的歲月，正賴這潮潤，暗中傳遞著它們的消息？

即使不曾嗜古成癖，我也更喜歡「大庾」這字樣，以為僅這字樣就已古意盎然，不解何以要改用「大余」。抵達大庾嶺時，暴雨已過，古驛道由兩側的梅樹簇擁著，因微雨而顯出了幽深。這段驛路修築於唐代，領此一役的，是那位寫過「海上生明月，天涯共此時」的張九齡。回到北京後查閱方志，得知宋代始有「梅關」，且加種了紅梅。明成化間則重修嶺路，「易甃以石，二十里悉為蕩平」（乾隆十三年《大庾縣志》）。顧祖禹《讀史方輿紀要》也說梅關曾久廢，「正德八年始修治之，崇崖壯固，遮罩南北，屹然襟要」（卷 88）。我們由卵石鋪成的驛路走到關下。驛路呈臺階狀，徐緩地在山間延伸，因過於整飾，少了一點歷史蒼茫感，梅關對此作了彌補——即使並非宋明所遺，那風雨剝蝕的痕跡，蒼老的顏色，也足以喚起深遠的記憶。也如贛州的並非雄關，梅關也非地處險要。驛道寬闊，雖上下行，卻較為平緩。但這盤旋不已像是要伸展向無窮遠方的道路，仍然引人去想像行旅、漂泊的艱苦與寂寞。

枝頭的梅子尚青澀。其實明末清初的梅關已無梅，我們所見路邊的梅樹，為後世尤其近年來所栽，無非為了補足「梅嶺」、「梅關」的意境，因而梅關雖古而梅樹不古，沒有王猷定所謂的「古鐵崢嶸」（《滌遊記》，《四照堂集》卷 9）。大余人告訴我，我所要尋訪的易堂諸子倘南下廣東，必過梅關。回到北京後查閱了顧祖禹《讀史方輿紀要》、近人楊正泰的《明代驛站考》，梅關確係那些人物粵遊所必經。

管理這景點的，是一位看起來潑辣能幹的中年女性。附近山中修建了度假村。這裏應當是舉行史學會議的適宜場所，可以就近探訪歷史蹤跡，甚至直接嗅到歷史的氣味。

僅僅「於都」(舊作「雩都」)、「瑞金」的字樣,就已挾帶了「歷史」。從於都「長征第一橋」上經過的時候,自然想起了肖華《長征組歌》中的「紅軍夜渡於都河」。晚餐後,瑞金書店的工作人員陪我們走過街道,有搭了蓬的人力車接連由身邊駛過,只消一元錢,隨便你到縣城的任何地方。據說當下崗工人湧入了這一行業,車夫們的生意就日漸艱難。昏黃的路燈下,那些踏著空車的車夫,神情疲憊,表情遲鈍,搜索的眼光像是含了畏怯。

在書齋坐得太久,儘管住在普通的居民社區,仍像是有了與基層社會、基層民眾的間隔。我不能說經了這樣的行走,就能觸摸到那一地質層。我能觸到的,不過表皮而已。在贛南的某地,曾有當地居民圍了攏來,向我們訴說拆遷中因補償的微薄難以安居之苦,說附近有老人因失去了居所而自縊。得知我來自北京,他們中有人說,你早來一個月就好了。他們何嘗明白一個書生的無力。我知道我們出現在那裏,不過使他們有了短暫的興奮;他們的難題太具體,很快就會忘卻這幾個外鄉人,我卻一時難以擺脫那焦灼、期盼的眼神。

瑞金賓館的大草坪,滿盛了月色與淡淡花香。久居「水泥森林」,已不記得何時享用過這樣的清光了。香氣據說是「月月桂」發出的。巨大的樟樹令我想到俄羅斯文學中的老橡樹,那如同哲思中的智者的巨大橡樹,《戰爭與和平》中那棵與安德列·保爾康斯基公爵之間有著神秘的感應與交流的大橡樹。江右的大樟樹不像是哲思的,卻也古舊如歷史。苔痕斑駁的樹幹上,枝椏間,生著據說可供藥用的附生植物,儼然將樟樹鬆軟的樹皮當做了土壤,使這些有著數百年樹齡的老樹更加蒼老。後來在杭州也見到樟樹,有藤蔓攀附,當地叫「香樟」,或係同一種屬,風味卻已有不同。

我和同伴們踏月、聽蛙鳴,待到坐在大樟樹下,幾乎自然而然地,談到了「革命」。第二天清晨,走訪了葉坪、沙洲壩。回京後洗

印了所拍攝的照片，發現葉坪的綠草、黃泥牆，最富韻律感也最為悅目。在蘇區中央政府所在地，又看到了巨大的樟樹，有一株曾經炮火，軀幹彎曲到地。我終不能如安德列公爵那樣，與這些見證過歷史的老樹交流。倘大樟樹真的有知，我還不曾準備好如何與它耳語，向它發問。

寧都的第一天也如在贛州，憑藉了當地從事方志工作的先生的幫助，頗有收穫。黃昏已近，我們還站在公路邊的草叢中，察看一方被作為文物保護的墓碑。次日卻下了雨，到我們離開寧都，這雨一直下個不停。我們仍然來到了翠微峰下。煙雨蒼茫。雨中的春山更綠得透澈，晶瑩，綠得無邊無際。山野的氣味至不可形容。我的那些人物的呼吸，似留在了這溫潤的空氣中，潭水般沉寂的山岩間。事後想來，正是這雨，給了我記憶中的翠微峰以顏色與情調。那一帶山在我的回想中，將永遠是水淋淋的，幽深而淒清。

我們所經之處，未見百年老樹，如瑞金的大樟樹，但我知道這山是古老的，由山岩感知了這古老。這一帶山石如霖漆，表皮脫落處色近於赤（或赭），即近人所修《翠微峰志》所謂的「丹霞地貌」。山體通常像是整塊的，未經切割。有一處垛著方形、金字塔形的巨大石塊，未知經了何等樣的山體變動造成。所謂「金精十二峰」，儼若天設的巨石陣。當晚所宿的度假村，即在天然的穹頂下，廚房甚至直接借諸山岩，而未經搭蓋。凸出其上的赤色岩石，有一道道如漆的水跡塗染，奇突怪異。只是不知何故，所經之處極少鳥鳴，只有我們一行的足音；瀰漫在山巒間的，像是亙古如斯的岑寂。隨處可見的人跡證明了這是錯覺。但這份寂靜真不可解，何以竟深到如斯。

賴由這一「實地」，我由文獻中讀出的人物漸形生動，隱約可感他們的呼吸。留在磚石山岩上、為大自然所保存的歷史，與文字歷

史，在相互注釋中見出了飽滿。

即使確有人跡，寧都的山仍然有一種像是未經馴化、以至「鴻蒙未開」的樸拙古老。這不是那種可直接入畫、即合於國畫技法要求的山，山並不高峻，山形也算不得美。我所喜愛的，正是這種「非標準化」，像是恣意伸展的任性與質樸，這種未經過分雕飾、未經人類審美文化規範的渾樸，甚至粗糲。劉獻廷比較江南、江西山水，說：「江西風土，與江南迥異。江南山水樹木，雖美麗而有富貴閨閣氣，與吾輩性情不相浹洽，江西則皆森秀辣插，有超然遠舉之致。吾謂目中所見山水，當以此為第一。」還說，「它日縱不能卜居，亦當流寓一二載，以洗滌塵穢，開拓其心胸，死無恨矣。」（《廣陽雜記》卷4）我對江南（其實即吳越）山水全無心得，對於劉氏的說法無從評論，卻自以為能理解他的感受。房子。近幾年與「老房子」有關的時尚，毋寧說是由出版界蓄意製造的；時尚的視野卻也助成著對流坑一類地方的發現。然而這村子令我感動的，卻更是流蕩在古老建築間的活的人生的氣息——進門處有米櫃，農具靠在牆上，板桌上、天井的水池邊，是剛洗過的青菜。今人與古人，前人與後人，那些富有而顯赫的人物，與他們的農人後裔，儼然共用著同一空間。只要想到在這些老房子中每天以至每時都會發生的相遇與「交流」，想到你隨時可能與活在另一時間的人物擦肩而過，無論如何是一種神秘的經驗。較之午後的儺戲表演，這些實物與尚在進行著的日常生活，或許更有民俗學的價值。

吸引了我的，還有村中的深巷。緊緊地夾在高牆間，青磚被歲月所剝蝕，像是隨時會有舊時人物，由巷子深處走來。是正午時分，幾處門廊下，有圍坐聊天的男女，很閒散的樣子。孩子們則端了大碗倚門而食。巷中有燒柴禾的氣味，令我與在鄉下生活過的同伴欣然。這氣味是我們曾經熟悉的，卻在城居中久違了。

　　流坑村外又見到了大樟樹，有村婦在樟樹下編織。附近的小學校園中，殘存的祠堂石柱，立在空曠處，別有一種殘缺的美。村人告訴我們，這小學有五百多名學生，教員久已得不到工資，如若停課，即會遭除名。倘若真的這樣，那些教員一定在堅守崗位無疑，只是不知道他們將如何保證教學品質。但這想必不是那些孩子們所擔心的，他們圍在這舊時學舍的兩方水池邊，嬉鬧得一派天真。

　　過後查了一下地圖，才知道我們的此行，縱橫行駛，途徑地域之廣，是我行前未曾料及的。連續乘車，在我也是破紀錄的經歷。其中南豐到撫州的一段行程最有趣味。夜行的車中播放著老歌，我的身邊是一路大唱的快活的年輕司機和他的女友。過了南城，「五十鈴」在一段坑坑窪窪的爛路上顛上顛下時，司機給我們講了他開夜車的經驗。

　　我的旅行，通常無所用心，本來就沒有考據癖，對於由來、故實，概不追究，得其意而已。自己以為佳景的，多屬境與心會，其緣由未必說得清楚。這回稍有不同，因帶了「任務」，不免多了點好奇心；回來後查書，又難免要掉一點書袋。其實一向有賴有「行走」的學術，社會學、人類學、民俗學就是。我是喜歡「行走」:的，卻第一次使行走與學術發生了干係。即使不便言「考察」，在我，也是一種新鮮的經歷。只不過另有代價，即太有期待，有過分明確的目的性——這也應當是學術性考察與旅遊的不同之處。

　　文人隨時書寫的習癖，也勢必影響到觀看，有如攝影愛好者的習於經由取景框看世界，不免將「外部世界」框限、「畫面化」了。「意圖」規範了視覺，多少犧牲了獲取更豐富的印象的可能性。

　　離開南昌，在杭州的賓館、西湖遊艇上，已開始了咀嚼，反芻。返京前的那個上午，在「虎跑」的茶室，要了一杯茶，在旅遊景點門票的背面，寫下了片段的文句。附近有一兩桌高聲談笑的茶客，但我

的心很沉靜。窗外是江南的花木，浮出在我眼前的，卻依然是贛南的
江水，煙雨中的山巒林木。

　　寫作在「行走」中，不消說與書齋風味不同。或許有一天，我能
擺脫對於書齋的依賴，在隨便什麼場合寫作，在旅中，在客舍、茶僚
中。我知道自己仍然會在書桌邊待得很安心，卻也會在另一個日子
裏，攜了紙筆啟程。

2001 年 5 月

附錄三
本書徵引諸書版本

《魏伯子文集》、《魏叔子文集》、《魏叔子詩集》、《魏叔子日錄》、《魏
　　　季子文集》，均收入《寧都三魏文集》，道光二十五年刊本。

魏世傑《魏興士文集》（《梓室文稿》）、魏世傲《魏昭士文集》（《耕廡
　　　文稿》）、魏世儼《魏敬士文集》（《為谷文稿》），均為《寧都
　　　三魏文集》附集。

《彭躬菴文鈔》、《邱邦士文鈔》、《彭中叔文鈔》、《林確庵文鈔》，均
　　　見《易堂九子文鈔》，道光丙申刊本。

《丘邦士先生文集》，康熙五十八年刻本。

林時益《朱中尉詩集》，民國胡思敬輯《豫章叢書》本。

李騰蛟《半廬文稿》，《豫章叢書》本。

曾燦《六松堂詩文集》，《豫章叢書》本。

彭任《草亭文集》，民國十三年重排本。

宋惕《鬐山文鈔》，《豫章叢書》本。

陳恭尹《獨漉堂全集》，1919 年序刊本。

《船山全書》第 12 冊，嶽麓書社，1 四 2。

《黃宗羲全集》第 1 冊、第 2 冊，浙江古籍出版社，1985、1986。

《黃宗羲全集》第 10 冊，1993。

顧祖禹《讀史方輿紀要》，上海書店出版社，1998。

清鄭昌齡等修纂，乾隆六年刊本《寧都縣志》，臺灣成文出版社有限
　　　公司印行，《中國方志叢書》本。

清黃永綸等纂修，道光四年刊本《寧都直隸州志》，同上。

清朱扆等修纂，乾隆四十七年刊本《贛州府志》，同上。

清盧崧等纂修，乾隆三十年刊本《南豐縣志》，同上。

清柏春等修纂、同治十年刊本《南豐縣志》，同上。

民國包發鸞等修纂、民國十三年刊本《南豐縣志》，同上。

清藍煦等修纂，同治十年刊本《星子縣志》，同上。

寧都縣地方志編纂委員會辦公室編《翠微峰志》，江西人民出版社，
　　　　1994。

趙御眾、湯斌等編次、方苞訂正《孫夏峰先生年譜》，《畿輔叢書》本。

《黃宗羲年譜》，中華書局，1993。

張穆編《顧亭林先生年譜》，臺灣廣文書局有限公司，1971。

王之春《船山公年譜》，《船山全書》第 16 冊，嶽麓書社，1996。

任道斌《方以智年譜》，安徽教育出版社，1983。

《李塨年譜》，中華書局，1988。

溫聚民《魏叔子年譜》，商務印書館，1932。

湯中《梁質人年譜》，商務印書館，1932。

溫肅編《陳獨漉（陳恭尹）先生年譜》，《獨漉堂全集》。

《顧亭林詩文集》，中華書局，1983。

方以智《浮山文集後編》，《清史資料》第 6 輯，中華書局，1985。

方以智《通雅》，康熙丙午立教館校鐫。

孫奇逢《夏峰先生集》，《畿輔叢書》本。

鹿善繼《認真草》，《畿輔叢書》本。

孫承宗《高陽詩文集》，崇禎一年序刊本。

金聲《金忠節公文集》，道光丁亥嘉魚官署刊本。

《顏元集》，中華書局，1987。

朱彝尊《曝書亭集》，上海世界書局，1937。

朱彝尊《靜志居詩話》，人民文學出版社，1998。

施閏章《施愚山集》，黃山書社，1992。

王源《居業堂文集》，道光辛卯刊本。

劉獻廷《廣陽雜記》，中華書局，1957。

王猷定《四照堂集》，《豫章叢書》本。

閻若璩《潛邱劄記》，光緒戊子同文書局刊本。

《明經世文編》，中華書局，1962。

《碑傳集》，《清代碑傳全集》，上海古籍出版社，1987。

《國朝先正事略》，嶽麓書社，1991。

全祖望《鮚埼亭集》，《四部叢刊》本。

孫靜庵《明遺民錄》，浙江古籍出版社，1985。

余英時《方以智晚節考》，臺北允晨文化實業股份有限公司，1986。

尚小明《學人遊幕與清代學術》，社會科學文獻出版社，1999。

後記

　　正在為那本《明清之際士大夫研究》撰寫「續編」，江西教育出版社的劉景琳先生來約一本「文化尋蹤」性質的小書。我想到了明清之際贛南的易堂。「續編」中將有一組以易堂為分析材料的論文，寫作時曾為不得不捨棄一些生動的材料而惋惜。倘若沒有此次稿約，也就一任其被捨棄，這時卻有畫面由記憶中浮出，一群三百年前的「知識人」，似乎隔著一大塊時空在向我呼喚。

　　不必諱言在長時間的「論說」之後，「敘述」對於我的吸引。「易堂」在我，是可供敘述的材料。或許只是為了「敘述」，只是不忍捨棄「敘述」，才終於想到寫這一本小書的。我也依然在尋求挑戰，包括尋找文體、筆調，尋找別種表述的可能性。隨筆這種較為自由的文體，自然有助於緩解「做學術」的緊張，將被「學術文體」篩除的零碎印象、感觸，搜羅拾掇起來。至於一再寫到易堂，並非出於「價值」方面的估量。我確也不認為這一群體有何等重要；我的意圖不過在藉此個例，打開某些被忽略的視域，使「明清之際士大夫」的豐富性得以展現而已。

　　有明一代，江右曾經是王學重鎮。贛州雖與泰州學派一度活躍的吉安相鄰，魏禧、彭士望對王陽明也備極傾倒，卻與王氏發起的思想運動以及上述思想派別沒有多少關係，與江右王學中人所從事的社區改良活動也無關。他們不在那一傳統中。因而本書所敘述的群體不但不具備思想史的、也不具備社會史的重要性。寫這題目，我的興趣仍然在「人」，在特定環境中人的生存方式與人生選擇，在那一時期士

人的所謂「心路歷程」。易堂吸引了我的，毋寧說是其「表述」，尤其其中人物的自我刻繪與彼此狀寫。我曾由易堂諸子的文集中讀「言論」，這回則是讀「性情」、讀「行蹤」、讀人與人的關係。這一班士人的文集中，確也保存了較為豐富的可據以想像其人的材料。

憑藉了寫作本書這一機緣，我得知了出於特定目的的閱讀會有何種取捨，在通常的論文、論著寫作中，我所捨棄的是什麼。由此又不免想到「學術方式」的代價──即如有妨於面對生動的「感性」、「個人」、「日常」，豐富的差異、多樣。

既取敘述而略論說（只是簡略，而非省略），對於文字材料的選擇自與論著不同；又因係「尋蹤」，對時間、方位不能不有一份敏感──後者更是我平素閱讀中一向忽視的。當著藉重了時間線索給予敘述的便利，卻又想到，對於時間作為標記的依賴，是否也將過程簡化、因果化了？那些線索似乎本不應當如此清晰，以至由三百多年後的今天看過去，人物的人生軌跡歷歷分明。

我自然明白，收入其時士人文集的，多半屬於準備日後公諸於世的文字，包括書劄，「私人性」不能不大打折扣。那些敘述是在既有的文體規範，以至流行的言述方式、語言策略中生成的。我寫作本書所憑藉的文集，有一些在著者生前即已版行，有極其自覺的閱讀期待。你因而難以窺入更日常的空間。你被阻擋在了那些精心修飾過的文字之外，阻擋在了嫻熟的文體技巧之外。我自然還想到，不止文體規範、言述策略，而且流傳中的遺落、刊削，都預先決定著我的「尋訪」所能抵達的邊界。即使如此，我也仍然認為，明清之際士人文集中大量的自傳性材料，是值得珍視的資源，其中有「正史書法」所摒棄的豐富的「人性內容」。而大量的遺民詩，是遺民研究的重要材少關係，與江右王學中人所從事的社區改良活動也無關。他們不在那一傳統中。因而本書所敘述的群體不但不具備思想史的、也不具備社會

史的重要性。寫這題目，我的興趣仍然在「人」，在特定環境中人的生存方式與人生選擇，在那一時期士人的所謂「心路歷程」。易堂吸引了我的，毋寧說是其「表述」，尤其其中人物的自我刻繪與彼此狀寫。我曾由易堂諸子的文集中讀「言論」，這回則是讀「性情」、讀「行蹤」、讀人與人的關係。這一班士人的文集中，確也保存了較為豐富的可據以想像其人的材料。

憑藉了寫作本書這一機緣，我得知了出於特定目的的閱讀會有何種取捨，在通常的論文、論著寫作中，我所捨棄的是什麼。由此又不免想到「學術方式」的代價——即如有妨於面對生動的「感性」、「個人」、「日常」，豐富的差異、多樣。

既取敘述而略論說（只是簡略，而非省略），對於文字材料的選擇自與論著不同；又因係「尋蹤」，對時間、方位不能不有一份敏感——後者更是我平素閱讀中一向忽視的。當著藉重了時間線索給予敘述的便利，卻又想到，對於時間作為標記的依賴，是否也將過程簡化、因果化了？那些線索似乎本不應當如此清晰，以至由三百多年後的今天看過去，人物的人生軌跡歷歷分明。

我自然明白，收入其時士人文集的，多半屬於準備日後公諸於世的文字，包括書劄，「私人性」不能不大打折扣。那些敘述是在既有的文體規範，以至流行的言述方式、語言策略中生成的。我寫作本書所憑藉的文集，有一些在著者生前即已版行，有極其自覺的閱讀期待。你因而難以窺入更日常的空間。你被阻擋在了那些精心修飾過的文字之外，阻擋在了嫻熟的文體技巧之外。我自然還想到，不止文體規範、言述策略，而且流傳中的遺落、刊削，都預先決定著我的「尋訪」所能抵達的邊界。即使如此，我也仍然認為，明清之際士人文集中大量的自傳性材料，是值得珍視的資源，其中有「正史書法」所擯棄的豐富的「人性內容」。而大量的遺民詩，是遺民研究的重要材

料，其中甚至保存有可供考察其時士人物質境遇的豐富材料。所有這些資源都有待於開發。

近年來創作界流行「用腳步寫作」，據說那方式是「空著腦袋大膽上路，邊走邊寫互動傳播」（《中華讀書報》2000 年 7 月 12 日）。江西教育出版社這套叢書的設計，未必不因於時尚，儘管「文化尋蹤」，本有此一體。

我的故事並不非憑藉了贛南之行才能展開。那些情節在我翻閱一函函的文集時，就已由故紙中浮出，因而出發前不能不對「尋蹤」心存疑慮。對於這一種研究，「實地」並不較之文獻重要。我的人物在他們自己的述說中已足夠生動，無須向地面上為他們曾經存在過尋求證據。「實地」固然會提供意境，卻也可能另有其破壞性──朦朧空靈的想像一旦著陸，難免要風化剝落的吧。此外我也不以為能在那裏找到什麼，很可能一切遺跡都已蕩然無存。我甚至以為有必要追問被我們指為「蹤跡」的是一些什麼，它們何以被認定為「蹤跡」。我對自己說，我所能做的，只是盡可能地憑藉文字材料構建意境，而不是復原「歷史」。即使真有遺跡在，我所能面對的，仍然更是「敘述」而非「事實」。但我仍然上路了。

事後看來，走這一趟仍有必要。我需要一點顏色，一種氣味，使推想有所附麗。我也希望我的文字能多少浸染一點其地山水林木的氣息。而實地踏訪，以及踏訪後的繼續詢問，也校正了我的某些臆度。在這一點上，贛南的經歷在我個人，更像是往返於文字與「實地」間的校訂。走在贛南，我甚至問過自己，倘若能重新來過，是否有可能做別一種方式的研究？我當然也想到了這種「尋訪」的得失利弊。前期準備已打造了部分意境，事先的文獻閱讀形成了明確的期待，因而幾乎無法避免有意無意的排除、剪裁、組裝。

　　由此也想到了所謂的「行走文學」。那情況似乎只能是，已有的蘊蓄借諸「行走」這一情境獲取表達形式，否則「暴走」一族應當是理想的作者。當然，「行走」之為情境絕非無關緊要，其間應當有行走者與環境間的互動，有激發，觸發，也有壓抑與折磨。不能深切地感受苦難的，也不大可能因「行走」而文學。

　　本書所寫到的人物，陳恭尹較之魏禧或更負才名，而梁份則更為學術史家所看重。魏禧、彭士望、林時益們，決不是一些足以成為「熱點」的人物，重提他們，也非意在召喚亡靈、起死回生。梁啟超（中國近三百年學術史）關於易堂九子，說，「他們的學風，以砥礪廉節、講求世務為主，人格都很高潔。……但他們專以文辭為重，頗有如顏習齋所謂『考纂經濟總不出紙墨見解』者。他們的文章也帶許多帖括氣，最著名的《魏叔子集》，討厭的地方便很多。即以文論，品格比《潛書》、（繹志}差得遠了。」（十二）這是近代治學術史者的評價，與魏禧同時之人所見已大為不同。

　　我因而想到了遺忘，曾經煊赫一時的名字的被遺忘，以及這遺忘是怎樣發生的。即如魏叔子的被淡忘，多少也應因了不能納入形成於日後的學科框架，不在某種思想、理論脈絡中。但對叔子，的確是「淡忘」而非「遺忘」，這個人物還在他的文論中活著──近人編選清代文論，三魏及邱維屏有多篇入選（參見《清代文論選》，人民文學出版社，19N）──儘管可能有一天，也被由這一領域中刪除。

　　這種遺忘非但正常，而且必要，否則人類的記憶將不勝負荷。我想告訴讀者的是，那些消失在了的時間中、被由諸種文本刪除的人物，曾經有過何等鮮活的生命，他們很可能如我本書中的人物，有聲有色地、詩意地活在各自的時代中。即使這些人物終將隱沒在歲月的更深處，我的講述仍然有可能豐富了、複雜化了人們對於那段歷史生活的了解。這是否就是我寫作本書的意義？

最初為本書所擬書名，是「危機時刻的友情」。「危機時刻」取自
子平關於我那本《明清之際士大夫研究）的書評。這本小書所寫，的
確是一個發生於「危機時刻」、至少要部分地由「危機」來解釋的故
事。易堂故事最初吸引了我的，確也在倫理方面，朋友，兄弟，師
弟，以至夫妻，尤其朋友。為此我盡可能逼近地「觀看」他們曾經有
過的生活，儘管他們所營造的意境算不得深邃。

對於明清之際，我的興趣始終在士大夫的處境與命運，包括展開
在上述倫理關係、日常情境中的命運。寫作本書時，又流覽了任道斌
先生的《方以智年譜》，再次被其人的豐富性所吸引。明中葉以後，
士人對當代士風之惡濁，批評不遺餘力，我由明代及明清之際的士人
那裏，卻常能遭遇極清明純淨之境，赤子般的真摯與熱誠。易堂諸子
涉世均不夠深，應當屬於王國維所謂「閱世愈淺，則性情愈真」（（人
間詞話））的一類，是天性的詩人，儘管不以詩名。我想，光明俊偉
的人格，任何時候都會令人神旺的吧。至於某個人物的魅力，自然會
銷蝕在時間中，但它們畢竟以其短暫的存在照亮過他人，即令細微如
燭火，也是美麗的。易堂諸子孜孜於「求友」，以他人豐富自己的人
生；我則經由學術「讀人」，也以關於人的了解豐富了我的生活。在
寫作了本書後，易堂諸子在我，已非漠不相關的異代人，他們由故紙
中走出，徑直走入了我的世界。

我已經說過，寫作本書的部分動機，在尋找文體，有可能使我在
不同時空信意地穿行的文體；在久為「學術文體」拘限之後，體驗較
為自由的書寫。而在事實上，我只是極有限地做到了這一點，並不曾
由既成範式中成功地突圍。「自由」也是一種能力，你並不就能現成
地擁有。

本書附錄的魏禧、彭士望的兩記，或許能引起踏勘的興趣。彭氏

的《翠微峰易堂記》，實在可以讀作一篇導遊文字。至於我的贛南之行，難忘的是寧都的山，沿途的江，大樟樹，以及所遇到的文化人，在寂寞中從事文化保存的知識者。這些文化人對於鄉邦文獻的珍重，應當使京、滬等處的同行慚愧的吧。我不知道倘若沒有那些我所要尋訪的人，那些行旅中的邂逅，贛南是否還會如此令我動心。為了此書，我應當感謝江西教育出版社的周榕芳先生，與我一道踏訪的劉景琳先生、劉慧華女士，感謝寧都縣志辦公室的李曉明先生、縣採茶劇團的鄧文欽先生，贛州市地方志辦公室的張聲濂先生，南豐縣文聯的曾志鞏先生，贛南師院的賴倫海先生，大余縣副縣長萬家榕先生，感謝贛州、大余、瑞金、寧都、南豐、撫州新華書店。我還要感謝對我提供了幫助的戴燕女士。

希望這本小書能使你得益。

2001 年 7 月

當代名家叢書·趙園選集　A0502003

易堂尋蹤

作　　者	趙園
責任編輯	蔡雅如
發 行 人	陳滿銘
總 經 理	梁錦興
總 編 輯	陳滿銘
副總編輯	張晏瑞
編 輯 所	萬卷樓圖書股份有限公司
排　　版	林曉敏
印　　刷	百通科技股份有限公司
封面設計	菩薩蠻數位文化有限公司

出　　版　昌明文化有限公司

桃園市龜山區中原街 32 號

電話　(02)23216565

發　　行　萬卷樓圖書股份有限公司

臺北市羅斯福路二段 41 號 6 樓之 3

電話　(02)23216565

傳真　(02)23218698

電郵　SERVICE@WANJUAN.COM.TW

大陸經銷

廈門外圖臺灣書店有限公司

電郵　JKB188@188.COM

ISBN 978-986-496-045-3

2017 年 7 月初版

定價：新臺幣 260 元

如何購買本書：

1. 劃撥購書，請透過以下郵政劃撥帳號：

　帳號：15624015

　戶名：萬卷樓圖書股份有限公司

2. 轉帳購書，請透過以下帳戶

　合作金庫銀行　古亭分行

　戶名：萬卷樓圖書股份有限公司

　帳號：0877717092596

3. 網路購書，請透過萬卷樓網站

　網址　WWW.WANJUAN.COM.TW

大量購書，請直接聯繫我們，將有專人為您

服務。客服：(02)23216565　分機 10

如有缺頁、破損或裝訂錯誤，請寄回更換

國家圖書館出版品預行編目資料

易堂尋蹤 / 趙園著.-- 初版.-- 桃園市：昌
明文化出版；臺北市：萬卷樓發行, 2017.07
　　面；　　公分.-- (當代名家叢書. 趙園選集；
A0502003)
ISBN 978-986-496-045-3(平裝)
1.知識分子 2.明代 3.清代
546.1135　　　　　　　　　　106011528

本著作物經廈門墨客知識產權代理有限公司代理，由北京師範大學出版社（集團）有
限公司授權萬卷樓圖書股份有限公司出版、發行中文繁體字版版權。